Nascido Numa Droga de Dia

Hazel Dixon-Cooper

Nascido Numa Droga de Dia

*Como iluminar e enfrentar
o lado sombrio do Zodíaco*

Tradução
MARTHA DE CARVALHO BRESSER DORES BOSON

Ilustrações
ROXANNA BIKADOROFF

EDITORA PENSAMENTO
São Paulo

Título original: *Born on a Rotten Day.*

Copyright © 2003 Hazel Dixon-Cooper.

Publicado mediante acordo com a editora original Fireside, uma divisão da Simon & Schuster, Inc.

Todos os direitos reservados. Nenhuma parte deste livro pode ser reproduzida ou usada de qualquer forma ou por qualquer meio, eletrônico ou mecânico, inclusive fotocópias, gravações ou sistema de armazenamento em banco de dados, sem permissão por escrito, exceto nos casos de trechos curtos citados em resenhas críticas ou artigos de revistas.

Dados Internacionais de Catalogação na Publicação (CIP)
(Câmara Brasileira do Livro, SP, Brasil)

Dixon-Cooper, Hazel, 1947-
   Nascido numa droga de dia : como iluminar e enfrentar o lado sombrio do zodíaco / Hazel Dixon-Cooper ; tradução Martha de Carvalho Bresser Dores Boson ; ilustrações Roxanna Bikadoroff. — São Paulo : Pensamento, 2005.

   Título original : Born on a rotten day : illuminating and coping with the dark side of the zodiac.
   ISBN 85-315-1388-X

   1. Astrologia 2. Zodíaco I. Bikadoroff, Roxanna. II. Título.

05-2281   CDD-133.52

Índices para catálogo sistemático:
   1. Signos do Zodíaco : Astrologia 133.52

O primeiro número à esquerda indica a edição, ou reedição, desta obra. A primeira dezena à direita indica o ano em que esta edição, ou reedição, foi publicada.

Edição	Ano
1-2-3-4-5-6-7-8-9-10-11	05-06-07-08-09-10-11-12

Direitos de tradução para o Brasil
adquiridos com exclusividade pela
EDITORA PENSAMENTO-CULTRIX LTDA.
Rua Dr. Mário Vicente, 368 — 04270-000 — São Paulo, SP
Fone: 6166-9000 — Fax: 6166-9008
E-mail: pensamento@cultrix.com.br
http://www.pensamento-cultrix.com.br
que se reserva a propriedade literária desta tradução.

Impresso em nossas oficinas gráficas.

Agradecimentos

Muitas pessoas me ofereceram incentivo, opiniões e assistência durante a elaboração deste livro. Eu sou muito grata a todas elas, especialmente a:

Margret McBride, minha agente e ponte para o mundo editorial, pela paciência que teve ao responder a todas aquelas perguntas, típicas dos escritores novatos; a Marcela Landres, minha notável e meticulosa editora, cuja orientação amigável e grande habilidade tornou muito mais fácil a experiência de publicar um livro; a Larry Paquette, meu querido amigo, que tantas vezes varou a noite comigo para me ajudar e cuidou de tudo durante o período em que eu me dedicava ao livro; a minha família, que ouviu o que eu tinha a dizer, opinou e apoiou-me desde a concepção da idéia até o produto final; a Peter Bayley, meu colega, cuja página da Internet, metamaze.com, poupou-me muitas horas de pesquisa; a minha filha, Wendy Cooper, que me ajudou na pesquisa para este livro e a meu marido, Gary Cooper, que me apoiou na realização do meu sonho.

*Para Bonnie Hearn Hill, que me ensinou
sobre o valor da hora de Gêmeos*

Sumário

Capítulo 1 Malícia no País das Maravilhas 11

Capítulo 2 Áries (de 21 de março a 19 de abril) 17

Capítulo 3 Touro (de 20 de abril a 20 de maio) 31

Capítulo 4 Gêmeos (de 21 de maio a 20 de junho) 47

Capítulo 5 Câncer (de 21 de junho a 22 de julho) 61

Capítulo 6 Leão (de 23 de julho a 22 de agosto) 75

Capítulo 7 Virgem (de 23 de agosto a 22 de setembro)................ 89

Capítulo 8 Libra (de 23 de setembro a 22 de outubro) 105

Capítulo 9 Escorpião (de 23 de outubro a 21 de novembro) 119

Capítulo 10 Sagitário (de 22 de novembro a 21 de dezembro)....... 133

Capítulo 11 Capricórnio (de 22 de dezembro a 19 de janeiro) 147

Capítulo 12 Aquário (de 20 de janeiro a 18 de fevereiro)............... 163

Capítulo 13 Peixes (de 19 de fevereiro a 20 de março) 179

Capítulo Um

Malícia no País das Maravilhas

"Não quero ir lá no meio de gente louca", disse Alice.
"Ah, isso não dá para evitar", disse o Gato. "Somos todos loucos aqui."

Lewis Carroll

Signos, signos, por toda parte há um signo

Seu namorado sagitariano age mais como um palhaço de circo de língua solta do que como um sedutor de cabeça fria. Seu irmão capricorniano é um alpinista social esnobe. A namorada dele, de Libra, é superficial, volúvel e fica horas na frente do espelho.

Você está confuso ou cético porque o bando de neuróticos com quem você vive ou trabalha no mundo real não se encaixa em nenhuma das entusiasmadas descrições daquele *Guia do Zodíaco* de sete reais que você folheou na fila do caixa do supermercado.

Os antigos acreditavam que cada um de nós contém um universo. Somos o centro em torno do qual os longos fios e cada detalhe da nossa vida são fiados. O ariano Rodney King[1] perguntou: "Por que não podemos nos dar bem com todo mundo?" A pergunta mais honesta seria "Por que vocês todos não podem se dar bem comigo?" Esqueça a astrologia do "sinta-se bem" e faça uma viagem para o lado desajustado do universo. Por fora, cada um de nós afirma viver para os outros. Secretamente, todos queremos o que queremos e na mesma hora.

Todo mundo é louco aqui, como bem disse o Gato Risonho, e também egoísta, obcecado, controlador e temperamental. Saber como cada signo manifesta essas qualidades desagradáveis e aprender a controlar, apontar e usar a força de seu próprio e demoníaco eu interior são as chaves para estar à frente daquele bando de monstros no seu encalço.

O Básico

Na astrologia, existem quatro elementos (Fogo, Terra, Ar e Água), três modalidades vibratórias (Cardinal, Fixo e Mutável) e duas polaridades (Masculino e Feminino).

Os signos do **FOGO** são **egoístas**. Áries, Leão e Sagitário são narcisistas e exigentes. Essa turma de hipócritas acha que o sol nasce e se põe só para eles. Eles tentam controlar o resto do mundo por meio da força, da intimidação e de acessos de raiva. Esses vulcões humanos entram freqüentemente em erupção.

Os signos da **TERRA** são **pragmáticos**. Touro, Virgem e Capricórnio são calculistas, críticos e insensíveis. São preocupados com o trabalho, avarentos e vivem apontando as falhas dos outros. Chatos e rudes, eles endossam a teoria de controle do "faça o que eu digo, mas não faça o que eu faço". Distribuem suas afeições tão cautelosamente quanto seu dinheiro.

Os signos do **AR** são **volúveis**. Gêmeos, Libra e Aquário são inconstantes, loquazes e prolixos. Eles mudam de amores, empregos e de opinião com a mesma freqüência que o resto de nós troca a roupa de baixo. E com o mesmo pouco caso. A racionalização e a justificação são as ferramentas de controle dos signos do Ar. Querem que pensemos que eles são lógicos. Na verdade, nós geralmente cedemos só para fazê-los se calar.

---

1. Rodney King sofreu violência policial ao ser preso. O incidente todo foi gravado, levando ao infame "Julgamento de Rodney King", no qual os policiais foram julgados por abuso de autoridade. O resultado foi considerado insatisfatório, causando tumultos em Los Angeles em 1992.

Os signos da **ÁGUA** são **temperamentais**. Câncer, Escorpião e Peixes são os reis e rainhas do drama. Autodestrutivos e manipuladores, esse grupo horrível tenta controlar o resto de nós por meio da chantagem emocional. Os nativos da Água visam não apenas ao mais baixo nível deles mesmos, mas também ao seu. Nada detém esses personagens na hora de achar seu ponto fraco e implicar com ele até que você ceda.

Quanto às modalidades vibratórias e polaridades, as comparações a seguir são o suficiente para você começar.

A astrologia tradicional define **Cardinal** como o iniciador e líder. Tradução da verdade nua e crua: um mandão, um encrenqueiro intrometido. Áries, Câncer, Capricórnio e Libra são os signos Cardinais. Os signos **Fixos** são definidos como estáveis e persistentes. Tradução: cabeças-duras, exasperantemente chatos. Os signos Fixos são Aquário, Leão, Escorpião e Touro. Os signos **Mutáveis** são descritos como flexíveis e adaptáveis. Tradução: escapistas inconstantes que vivem enganando a si mesmos. Gêmeos, Sagitário, Peixes e Virgem são os signos Mutáveis.

Finalmente, a cada signo é atribuída uma polaridade: **Masculina** (expansiva) ou **Feminina** (receptiva). A verdade nua e crua sobre essa faceta da personalidade dos signos solares é que o signo masculino é um agressor e o feminino é um manipulador.

Use as tabelas a seguir como um guia rápido para a natureza básica de cada signo.

Tradicional

Signo	Elemento	Qualidade	Polaridade
Áries	Fogo	Cardinal	Masculino
Touro	Terra	Fixo	Feminino
Gêmeos	Ar	Mutável	Masculino
Câncer	Água	Cardinal	Feminino
Leão	Fogo	Fixo	Masculino
Virgem	Terra	Mutável	Feminino
Libra	Ar	Cardinal	Masculino
Escorpião	Água	Fixo	Feminino
Sagitário	Fogo	Mutável	Masculino
Capricórnio	Terra	Cardinal	Feminino
Aquário	Ar	Fixo	Masculino
Peixes	Água	Mutável	Feminino

A verdade nua e crua

Signo	Elemento	Qualidade	Polaridade
Áries	Egoísta	Mandão	Agressivo
Touro	Pragmático	Teimoso	Manipulador
Gêmeos	Volúvel	Inconstante	Agressivo
Câncer	Temperamental	Mandão	Manipulador
Leão	Egoísta	Teimoso	Agressivo
Virgem	Pragmático	Inconstante	Manipulador
Libra	Volúvel	Mandão	Agressivo
Escorpião	Temperamental	Teimoso	Manipulador
Sagitário	Egoísta	Inconstante	Agressivo
Capricórnio	Pragmático	Mandão	Manipulador
Aquário	Volúvel	Teimoso	Agressivo
Peixes	Temperamental	Inconstante	Manipulador

Como isso funciona? Vamos dar uma olhada em Aquário. Como uma pessoa pode ser volúvel, teimosa e agressiva? Os aquarianos dão nó em pingo d'água. Questione suas decisões e você vai escutar um discurso cansativo cuja intenção é forçar você a concordar com eles. Isso é ser agressivo. Eles podem ter vinte namoradas em um ano. Isso é ser volúvel. O fato é que eles estão determinados a prosseguir até encontrar o verdadeiro amor e são estúpidos o suficiente para achar que isso existe — isso é ser teimoso.

Descendo pela toca do coelho

Agora que você tem o básico, é hora de dar uma olhada a fundo nos signos solares. Cada signo tem seu próprio capítulo e cada capítulo é dividido nas seguintes subseções:
- *Aproxime-se com Cuidado.* Independentemente do sexo, da idade ou da preferência sexual, alguns maus comportamentos são comuns aos nativos de todos os signos solares.
- *Se Você Ama Alguém, Homem ou Mulher.* Todo mundo se comporta do melhor modo possível no início do jogo amoroso. Antes que você decida torná-lo permanente, esteja avisado. Você pode ir dormir com uma fada e acordar com uma bruxa. Ou cair de amores por um tipo que organiza seu armário por cores e cola na porta do quarto uma tabela das relações sexuais de vocês.

- *Se Você é um — Imprestável de Nascença.* Sim, isso é mesmo sobre *você*. Mas não é de todo ruim. Qualquer um que leia vai logo descobrir que você é uma força da natureza que não se deve desprezar, em hipótese nenhuma.
- *Parente é Serpente — A Família.* Você nunca se perguntou por que seus pais eram tão esquisitos e seus irmãos tão egoístas, reclamões e maldosos? Descubra isso aqui e também como lidar com esse grupo de doidos no qual você não pediu para nascer.
- *A Turma do Escritório — Megeras, Alcagüetes e Preguiçosos Crônicos.* Vida no escritório. Quem é o pior chefe (nenhum deles é bom). Quem é mais provável que esfaqueie você pelas costas, ou pela frente, na escalada da escada corporativa. Como lidar com colegas rudes, cobrir sua retaguarda e salvar seu emprego.
- *Não Podemos Todos Nos Dar Bem?* Dicas para sobreviver às quatro piores condutas de cada signo (por exemplo, jogar comida para acalmar um Touro e um tijolo para fazer um Áries se calar).
- *Dicas Rápidas para Emergências.* Uma lista tipo 190 que pode garantir sua sanidade, ou ao menos dar tempo para você deixar a cidade.
- *Uma Lista de Infames e Ridículos.* Há um pouco de cada um deles em cada um de nós.

Aproveite sua viagem e lembre-se: maus comportamentos não estão apenas em nossos genes — estão em nossos astros.

Capítulo Dois

Áries
21 de Março — 19 de Abril

Mamãezinha querida encontra o menino mau

Elemento: Fogo. Áries é o dragão que devasta os campos e depois vai dormir, todo satisfeito de ter queimado alguns vilarejos.

Modalidade: Cardinal. A única coisa que um ariano pode liderar é um coro de jardim-de-infância cantando a canção do dinossauro Barney.

Símbolo: O Carneiro. O aríete. Martelando em você. Cabeça-dura.

Regente: Marte, o deus da guerra e das brigas de bar.

Atitude Predileta: Atirar primeiro e perguntar depois.

Livro Favorito: *Revista da Sabedoria Pessoal*, publicada por ele mesmo.

Modelo Exemplar: Eufrazino, o baixinho bigodudo e estourado que vive dando tiros no Pernalonga.

Emprego dos Sonhos: Terapeuta Sexual.

Frase Predominante: "*Você* está falando *comigo?*"

Parte do Corpo: A cabeça, sempre doendo de tanto dar cabeçadas na parede.

Aproxime-se com Cuidado

Áries, o primeiro signo do Zodíaco, reside na casa do Eu, da personalidade. Os manuais de Astrologia descrevem o Carneiro como alguém charmoso, entusiasta, um líder nato que contentemente se lança pela existência com uma tremenda alegria de viver. A verdade é que esse tagarela mandão e narcisista é tão centrado em si mesmo quanto uma criança de 2 anos e tem um complexo de eu do tamanho de um bonde.

Em Áries, Marte dá coragem, determinação, energia, paixão e ambição. Também confere o temperamento, o ego e a ação impulsiva. Assim como o Eufrazino, o Carneiro típico bale pela vida afora desafiando qualquer um que cruzar seu caminho. Se você tiver o azar de cruzar com ele, vai ter que agüentar seu destempero. Pode ser até que ele fique pulando para cima e para baixo, roxo de raiva. A pior coisa que você pode fazer a um ariano é ignorá-lo como você normalmente ignoraria uma criança irritada por estar com sono.

Os arianos são esquentados, não racionais. Ao se recusar a pensar antes de agir, os Carneiros freqüentemente arruínam suas chances de encontrar a felicidade por fazerem suposições insanas sem ter conhecimento de todos os fatos. Por terem nascido sem o gene da humildade, sua capacidade de admitir erros é nula. Ao entrar em uma discussão com um deles, você vai sofrer uma saraivada de berros irracionais e furiosos. Se você provar que ele está errado, vai reagir como uma criancinha que diz "Eu não", encolhe os ombrinhos e sai andando.

Se Você Ama um — Homem de Áries

Arrogante. Pomposo. Convencido. Cruel. Falador. Exibicionista. Certamente, eu sou.

HOWARD COSELL[2] (25 DE MARÇO)

Apaixonado, idealista e sentimental, o homem de Áries é meio herói, meio criança, não importando a idade dele. É amistoso como um cachorrinho, francamente destemido e quase como aqueles brinquedos joão-bobo que as crian-

---

2. Famoso e premiado comentarista esportivo norte-americano.

ças socam. Você o põe a nocaute e ele sempre volta. E, enquanto amar você, ele será fiel, sexy e atencioso. Se você sentir seus joelhos fraquejarem, esteja certa de haver um sofá no qual você possa cair, porque, enquanto você desmaia, esse Romeu já está a caminho da próxima conquista.

    Os homens de Áries adoram amar. O que os atrai é a arte do romance e a emoção da perseguição, e não seu sorriso sedutor.

    Alguns astrólogos comparam o homem de Áries com um cavaleiro numa armadura reluzente. No entanto, você pode tanto ser atropelada pelo cavalo dele como ser acolhida em um par de braços amorosos. *Sir* Lancelot pode ter sido valente e honrado, mas também era um chato de primeira, bem característico de Áries. Seu ego arruinou um reino quando, na ânsia de deslizar as mãos pelo vestido de Guinevere, ele convenientemente esqueceu seu juramento ao rei Arthur. Do ponto de vista de Lancelot, ele era um herói e, para um homem de Áries, o ponto de vista dele é o único que conta.

    O Carneiro teme a mediocridade mais do que a morte. Ele prefere ser o maior idiota da cidade a ser apenas mais um desleixado trabalhador anônimo. Ele é subjetivo, mandão e tem um humor cáustico que espalha com um negligente desembaraço. Ele se orgulha de ser mais egocêntrico que Escorpião e mais obtuso que Touro. Ele tem certeza de que está certo. Principalmente quando está errado.

    Há dois tipos de Carneiros do sexo masculino: o valente, impetuoso e pronto para agir ou o tímido, quieto e pronto para agir. Não se deixe enganar pelo tipo tímido. Ele pode vir cheio de muxoxos e arrastando os pés, como o ariano Dennis Quaid, mas por baixo daquela cara de jogador de pôquer, do sorriso enigmático, as sinapses do cérebro dele trabalham a mil por hora, concentrado no melhor jeito de levar você para a cama o mais rápido possível.

    Na porta da primeira Mansão Playboy em Chicago havia uma placa de bronze com a inscrição *Si Non Oscillas, Noli Tintinnare — Se você não gosta de transar, a campainha não deve tocar*. Hugh Hefner, ariano, o irreverente e descolado paizão do hedonismo ainda está vivo e bem e ainda é essencialmente o mesmo *bad boy* aos 76 anos.

    Lembre-se de tudo isso antes de comprar seu vestido de noiva. Após a cerimônia, ele espera que você venere o chão no qual faz você rastejar ao mesmo tempo que declara o quanto ele precisa de liberdade. Vai querer que você mantenha a casa brilhando, a grama aparada e os carros lavados, tudo antes que ele chegue em casa, vindo da última aventura. Ele vai deixar uma trilha de roupas sujas da porta da frente até o banheiro enquanto olha por sobre o ombro e grita o que quer para o jantar.

Quando aparece à mesa, ele espera que você tenha um prato digno de um gourmet numa mão e a bebida gelada favorita dele na outra. E é melhor que você pareça ter acabado de sair das páginas da *Vogue*. Esse homem persegue o ideal. Ele não quer uma mulher real, com necessidades reais. Ele quer a adoração da Mamãe e as qualidades etéreas de uma princesa das fadas, tudo embrulhado numa aparência de poster da *Playboy*.

Ele se acha indestrutível, mas é extremamente propenso a acidentes e dificilmente passa pela vida sem alguns ossos quebrados, muitas concussões e um par de carros destruídos. Ele é irrequieto, agitado e tem dores de cabeça freqüentes.

Do mesmo modo que ele pode ser atirado ou tímido, também pode ser um esbanjador ou um avarento paranóico, de passar fome, mesmo. Você vai ter que gastar seus vales e comprar carne de porco e feijão a granel enquanto ele banca o sr. Conserta Tudo com o encanamento. Você vai aprender a costurar e a plantar suas próprias verduras enquanto ele ataca o último grande plano para ganhar dinheiro com a mesma energia feroz que o faz gritar com a TV e dirigir feito um louco no estacionamento da igreja. Se ele estiver à solta com dinheiro na mão, você terá que arrumar dois empregos para manter um teto sobre suas cabeças e os credores afastados.

O sr. Carneiro se comunica por meio de seus acessos de raiva. Em um minuto, ele quebra os copos e dá socos na parede; no seguinte, arranca seus miolos. E ainda fica sinceramente surpreso de você repelir o entusiasmo que ele mostra quando vê você inclinada sobre a pá de lixo, varrendo os cacos de cristal.

Seu marciano favorito pode começar uma pequena guerra só para ter uma desculpa para sair batendo a porta e ficar fora até altas horas. Um homem de Leão teria anunciado que ia sair com os rapazes e um de Capricórnio diria a você que ia ficar trabalhando até tarde no escritório, mas o ariano tem necessidade de racionalizar seu mau comportamento. Se você for a megera, então ele ainda será o herói. Os gregos o batizaram de Carneiro. Você pode chamá-lo de babaca.

Se Você Ama uma — Mulher de Áries

Eu tenho sido intransigente, irascível, intratável, monomaníaca, rude, volúvel e muitas vezes desagradável.

BETTE DAVIS[3] (5 DE ABRIL)

Ela é independente, amante da diversão e honrada. Não é uma jogadora nem se choca com facilidade. Essa dama pode limpar a própria casa, controlar o talão de cheques e juntar os pedaços de um sonho destruído com uma confiança tal que mais ninguém poderia. E o fogo dela não se extingue com os anos. Espere aí, só um minuto, amigo. Antes que você entre nesta longa fila de homens se debatendo freneticamente, preste atenção: esses fracos e extenuados homens estão é à procura da saída mais próxima.

Se a conversa não começar com "Eu" e terminar com "para mim", então não interessa à mulher de Áries. Se você perguntar como foi o dia dela, prepare-se para todos os detalhes entediantes. Só porque está fascinada por si mesma, ela acha que, ora, naturalmente você também está.

A mulher de Carneiro vai competir com você em todos os aspectos. Se você conseguir uma grande conta, ela dirá que foi apenas sorte, ao mesmo tempo em que alardeia sua própria conquista do dia. Conte que você ganhou na Loto e ela dirá "Legal, mas acabei de quebrar uma unha!"

Ela é impaciente, crítica e inicia e interrompe tantos projetos quanto uma geminiana. A diferença é que quando Áries começa alguma coisa é com apenas uma intenção: ter sucesso. Não há nada de altruísta nesta garota. Ela quer poder, status e um monte de dinheiro. E, para conseguir, ela vai levar você, e ela mesma, à loucura. Se você quer ser tratado como um homem, case-se com qualquer outro signo do universo. Agora, se quer que lhe digam o que usar, comer, pensar, além de ser constantemente lembrado de que ela é mais rápida, melhor e mais esperta que você, então aqui está sua garota. Pense em Mama Rose em *Gypsy*, a eterna mãe de teatro, a mulher que espera que todos vivam o sonho dela, à sua sombra.

---

3. Diva do cinema hollywoodiano, cuja brilhante carreira terminou aos 80 anos com o filme *As Baleias de Agosto*.

Ela é tão ciumenta quanto a mulher de Escorpião. Mas, quando ela rosnar com aquele olhar ciumento, não confunda com insegurança. O ciúme, em todos os Carneiros, vem da necessidade de ser o primeiro. Até os filhos vão ter de ficar em segundo plano em suas afeições. Dada a freqüentes acessos de raiva, ela é o perfeito exemplo de uma dona insistente, determinada a conseguir as coisas a seu modo, aconteça o que acontecer. Ela não tem escrúpulos com relação à pessoa com quem ela tem de dormir ou em quem tenha de pisar para chegar ao topo.

Joan Crawford e sua arquiinimiga Bette Davis são exemplos perfeitos do motivo pelo qual a ariana é conhecida como a Rainha Megera do Universo e faz juz ao título. A rixa legendária entre as duas estrelas era bem conhecida na Hollywood dos anos 40 e 50.

Bette Davis disse sobre Joan Crawford: "Ela dormiu com todos os astros da MGM, exceto Lassie." Em resposta, Crawford disse: "Eu não odeio a Bette Davis... tirando os olhos esbugalhados, o cigarro e o jeito engraçado de ela falar, sobra o quê?"

Quando a dupla co-estrelou o filme *"O que aconteceu com Baby Jane?"*, Bette mandou instalar uma máquina de Coca-Cola só para irritar Joan devido à ligação dela com a Pepsi. Joan se vingou colocando pesos em seus bolsos quando Davis teve que arrastá-la pelo chão em uma cena importante. Em uma entrevista depois da filmagem, Davis disse: "O que mais gostei no trabalho com a Joan foi da hora em que eu a empurrei escada abaixo".

Lembre-se disso com sua própria encrenqueira. Para cada noite que você se enrosca com ela no sofá, você perde as próximas dez tentando se desviar de projéteis físicos ou verbais ou então num interminável alvoroço de amigos, jantares e corridas para ser o primeiro da fila no filme mais recente.

A mulher de Carneiro pode atirar primeiro, correr mais rápido, aparecer mais, falar mais e ser mais esperta do que qualquer um à sua volta. Como você sabe? É só perguntar a ela. Assim como o homem de Leão, a mulher de Áries também é uma lenda — na cabeça dela.

Se Você é um — Imprestável de Nascença

Não é a terra que os mansos herdarão, mas a sujeira.

DE CAMELOT

Você é capaz de se elevar a qualquer altura. Algumas vezes usando sua resoluta energia marciana, outras montando na vassoura mais próxima. Você joga em todas as posições, é ciumento, competitivo e totalmente esquecido quando se trata de seus piores comportamentos.

Você nunca relaxa. Pelo contrário, você se vê como O Grande Iluminador e passa seu tempo forçando-nos à submissão por meio de suas arengas. Você é quase tão desprovido de tato quanto um sagitariano, sutil como pata de elefante. No mínimo, você tem uma lábia de fazer um geminiano chorar e, em seu pior momento, sua atitude belicosa inicia as discussões em família e faz com que você perca amigos.

Uma vez que seu assunto favorito são as infindáveis minúcias de sua existência pessoal, você é também um chato colossal. É claro que isso não quer dizer nada ou quase nada para você, contanto que você continue ouvindo o som de sua própria voz. Você fica francamente perplexo quando o ambiente se esvazia bem na hora e você aparece e todos os seus amigos compram identificadores de chamadas para não atender seu telefonema.

Sua casa é uma combinação de loja de troféus e arsenal. A parede ao lado do armário de armas está repleta de cabeças de sua última caça aos bambis. A mesa de canto sustenta uma taça do time colegial de debates e um prêmio da maratona de dança. Retratos de parentes se alinham nos corredores e o porão está lotado com equipamento militar sortido, excedente de rações de emergência da Segunda Guerra e garrafas de água mineral.

Desde que aprendeu sobre as abelhinhas e sementinhas (e as pessoas se surpreenderiam em saber quão cedo isso se deu) até à morte, o sexo é o pensamento predominante na sua cabeça. No primário, você brincava de médico. Como adolescente, gastou o estofado do banco de trás do carro da família. E, adulto, você está sempre entrando e saindo do estado de paixão.

Quando não está lixando as unhas, você está aguçando seu humor afiado como uma faca em amigos desafortunados ou instigando desavenças familiares. Na verdade, a palavra amigo é algo mal empregada, porque você normalmente escolhe seus amigos entre pessoas que possam ajudar a promover seus planos e complôs.

Vocês marcianos galgam a escada social tão avidamente quanto os de Capricórnio, mas com muito menos classe. De uma maneira clara, vocês adulam a pessoa mais poderosa que houver por perto e têm a coragem de nem sequer corar de vergonha quando acusados de fazer tal coisa. De fato, vocês dão uma piscadela e sorriem, se mostram ainda mais charmosos e se safam da confusão.

Áries é o signo do escultor, do fomentador da guerra, do dançarino de Chippendale e da parte ruim da dupla formada pelo tira bom e o tira malvado. Os Carneiros são também grandes atletas, combatentes da liberdade e ladrões de banco (por exemplo, o ariano Clyde Barrow, da dupla Bonnie e Clyde).

Você foi aquele tipo de criança que abre a porta do armário e desafia qualquer monstro que porventura viva lá a deixar o seu espaço. Você também teve que se queimar para poder acreditar que o forno estava realmente quente. Ainda tem. E é aí que reside a sua força. Você não tem vergonha e tem mais sangue frio que um perneta andando na corda bamba.

Você tem um verdadeiro espírito guerreiro e é incansável quando luta por uma causa ou pessoa em que acredite. Uma vez que você aprenda a verdadeiramente considerar outros pontos de vista e aceitar que você não está sempre certo, o resto do universo vai cair a seus pés. Entretanto, na hora da batalha nenhum outro signo é páreo para você.

O Escorpião pode até tentar picar, mas uma farpa bem mirada, arremessada diretamente de sua língua flamejante, vai tostar a cauda do Escorpião. Câncer e Peixes se encolhem e desaparecem com um único olhar incendiário. Os nascidos em Touro, Virgem e Capricórnio logo aprenderão o significado da Política de Terra Arrasada[4] quando tentarem implicar, ficar bravo ou pisar em você. Sua capacidade de estar sempre um passo à frente da concorrência lhe confere o dom de mandar os signos do Ar, Gêmeos e Aquário, para a camada de ozônio, acabando imediatamente com as esperanças que eles tinham a seu respeito. E você faz o fracote libriano implorar por clemência ao exigir que ele tome uma decisão — e agora! Você e os outros signos do Fogo, Leão e Sagitário, se entendem mutuamente no nível da alma e, em conseqüência, raramente têm sérios confrontos.

---

4. Estratégia militar que consiste na tática de destruir tudo o que se encontra no caminho, de modo a não deixar nada que possa ser útil ao inimigo.

Sua filosofia é "Quem não arrisca, não petisca". Você pouco se importa com o que os outros pensam. Sumamente autoconfiante e rudemente individualista, você vive sua vida em seus próprios termos. O resto do mundo que fique assando bolos e cuidando do jardim. Daqui a muitos anos, quando todo esse povo que você fez comer poeira estiver cultivando as floreiras da casa de repouso, você vai poder zombar deles ao passar zunindo no seu superturbinado carro esporte vermelho tomate.

Parente é Serpente — A Família de Áries

"Tudo o que você puder fazer, eu faço melhor"

Título de uma Canção

Uma casa regida por arianos é uma curiosa mistura de pensão e parada de caminhão 24 horas. O telefone toca o tempo todo, tipos variados vão e vêm nas horas mais impróprias. Animais perambulando pelas portas abertas, música alta retumbando sobre o som da TV, o qual por sua vez encobre risadas, brigas e aclamações. Esta é uma casa na qual a diversão e a desordem nunca param.

A família ariana gosta de gravar cada detalhe da vida. Seus pais vão ter fitas suas do primeiro ultra-som à última iniciativa e com freqüência vão convidar os vizinhos para assistir ao espetáculo.

Os fanáticos por filmes antigos devem lembrar de "Do Mundo Nada Se Leva", um grande conto de uma família maravilhosamente excêntrica, todos ligeiramente doidos e todos, bem ao gosto dos Carneiros, tão preocupados com seus próprios desejos que quase perdem tudo. O Avô era o Carneiro previdente e discreto que economizou dinheiro o suficiente para salvá-los da cobrança do maior banco da cidade bem na hora exata.

Na verdade, as discussões podem ficar feias e as brigas entre a megera da sua mãe ariana e seu pai Carneiro bom de briga vão fazer você rastejar para debaixo da cama para evitar os mísseis voadores. Mas embora as explosões sejam violentas, não costumam durar muito. Cinco minutos depois eles vão estar aconchegando-se no sofá e se perguntando por que você não está lá sentado com eles para assistir ao seriado da TV. Os rompimentos na família ariana são como as ondulações na superfície de um lago. O problema é que, nesta casa, sempre tem alguém jogando uma pedra na água.

Os pais de Áries sempre vão dar a última palavra mesmo que esta acabe por matar vocês, e, não importa o que você faça, ou qual o tamanho da medalha que você consiga pelo seu feito, ele ou ela vão apontar pelo menos uma coisa que você poderia ter feito melhor. Ou, pior ainda, contar como eles efetivamente já fizeram melhor.

Sua Mãe de Áries vai esperar que você viva de acordo com os padrões do que ela acha que sua vida deveria ser, os quais nem sempre são os que ela deu como exemplo. Os pais Carneiros freqüentemente tentam jogar os filhos de cem quilos no chão em brincadeiras de luta livre, só para provar que eles ainda são os melhores. Seu pai de Áries vai trabalhar duro pela família e não será sovina com nenhum dinheiro que ele tiver no bolso ao final do dia. Infelizmente, não vai sobrar muito depois que o bom e velho Papai fizer a ronda pelas lojas de seus passatempos e de artigos esportivos, e então passar na banca atrás da última edição da *Playboy*. Não que ele não o ame, rapaz, o caso é que ele vem primeiro.

Entretanto, seus pais arianos também vão ser os mais animados na hora de aplaudir você, vão ser os que mais lutam por você e vão alardear suas conquistas até que os vizinhos resolvam trancar as portas.

As crianças de Áries são as mais exigentes do universo. Seu querido ariano já nasceu com uma força de vontade comparável à sua e uma atitude inacessível com relação à disciplina. Você diz "Não toque nisso" e o bebê imediatamente agarra o objeto em questão e fica lá parado com um enorme sorriso, olhando você bem nos olhos. Você diz "Crianças são para ser vistas e não ouvidas" e seu queridinho marcha até o centro do aposento dando berros agudos. Desde a hora de seu nascimento, você vai precisar daqueles calçados de trilha, paciência de Jó e uma vara bem grande.

Os irmãos de Áries competem por tudo. Enquanto bebês, agarram o brinquedo que você acabou de pegar e também o doce que estava na sua outra mão. Adolescentes, são provocadores impiedosos. Vão pegar emprestado suas roupas, seu dinheiro e seu carro sem pedir e nunca vão se desculpar por rasgar seu melhor vestido, amassar um pára-choque ou esquecer de reembolsar o cofrinho. Seria uma boa idéia instalar uma fechadura na porta do seu quarto e pendurar no pescoço a única cópia.

Uma casa regida por Marte nunca vai ser tranqüila, mas também nunca vai ser monótona. Além disso, ter pais arianos praticamente garante que você vai ser o primeiro da classe a ter o seu próprio carro. Podia ser muito pior. Portanto, aprenda a sorrir, concordar e desligar. Melhor ainda, compre para você um par de tampões de ouvido.

A Turma do Escritório — Megeras, Alcagüetes e Preguiçosos Crônicos

Eu me considero influente, não manipulador.

RICHARD HATCH[5] (8 DE ABRIL)

Quer seja um dínamo ou uma droga, o chefe de Áries acha que nasceu para liderar. É do tipo interesseiro e explosivo, que mete o bedelho e fica de olho em tudo.

A chefe Carneiro é viciada em trabalho, uma grande realizadora que mantém uma muda de roupas no banheiro dos executivos e um sofá no escritório, caso decida esticar o trabalho noite adentro — delineando seu último plano de ataque corporativo ou na companhia do novo gerente júnior de marketing. Ela vai conduzir você e o resto de seus esfalfados colegas de trabalho com o zelo de um missionário batizando pagãos até que seu departamento seja o primeiro a entregar os relatórios mensais, ou sua divisão seja a primeira em vendas. *Primeiro* é a palavra-chave. Tudo é competição para Áries, e sua chefe nunca tira os olhos da linha de chegada.

Você sempre vai saber sua posição com relação a um Carneiro. Ele faz as regras, você obedece. Ele desenvolve a estratégia, você a põe em prática. Ele tem uma energia e um entusiasmo sem limites. A menos que você também tenha, é melhor manter um pote de vitaminas na escrivaninha e a cafeteira ligada. Deixe-o pegar você bocejando ou reclamando por estar sobrecarregado de trabalho e ele logo dará um jeito para que você tenha muito tempo para descansar e pensar no índice do desemprego.

---

5. Ator norte-americano que atuou nos seriados de TV *Galática* e *São Francisco Urgente*.

Tenha cuidado ao perguntar aos seus colegas arianos "Como vai?" É muito provável que você tenha uma resposta terrivelmente detalhada. E nem adianta tentar contar para eles como foi o seu dia. Eles não estão nem aí.

No momento em que seu colega de Áries decide que quer o seu cargo, você vai estar em uma competição de nível olímpico. Primeiro, vai ser uma competição para ver quem entrega mais relatórios, pede mais serviço, alcança os melhores resultados. Se, por algum milagre, você conseguir se manter um passo à frente, o Carneiro vai começar a falar mal de você por trás para desacreditá-lo. Áries pode jogar o jogo das duas caras quase tão bem quanto Peixes, mas por uma razão bem diferente. O ariano precisa ganhar. É uma compulsão. Você vai se tornar O Inimigo, quer você mereça o título ou não. Isso alimenta seus egos hiperativos, justifica o mau comportamento deles e atenua a culpa (como o garoto pego com o pote de doce na mão) que eles quase sempre sentem.

Para sobreviver, fique repetindo para eles "Vocês são os maiores". Sempre faça elogios e diga coisas como "Eu jamais conseguiria sem você". Mas não precisa se preocupar demais. É fácil enganar um que esteja tentando roubar seu emprego. Os Carneiros esquivam-se da mesma maneira que uma criança: ruidosamente. Em cinco minutos você os descobre, porque eles contam a tanta gente o que pretendem, que até lá você já foi avisado.

Irrite-os gabando-se de que a chefe disse que não poderia ter sobrevivido sem você ao lado dela. Corte o barato deles sendo condescendente com seus egos infantis e ignorando o constante dilúvio de fotos de família que eles passam por *e-mail*.

Não Podemos Todos Nos Dar Bem?

Para evitar cometer um ato de violência, como diabos controlar um ariano e manter a cabeça no lugar? Aqui, alguns conselhos para lidar com esses esquentados irascíveis.

Egos de Carneiro
Um Carneiro pode ser tão exigente quanto uma criança pequena subindo no seu colo, mas ele ou ela são também igualmente vulneráveis. Ambos os sexos têm uma auto-imagem fragilizada e precisam de generosas porções de elogio e atenção. Quando seu Carneiro chegar em casa com os sentimentos feridos e o ego em frangalhos por ser a pessoa mais incompreendida do mundo, acenda a

lareira, abra o vinho e aconchegue-se para uma conversinha íntima. Logo vocês dois vão estar sorrindo.

Carneiros Voluntariosos

Áries é o signo mais impaciente do Zodíaco. No entanto, se você parar para observá-lo, vai entender que isso é normalmente uma intolerância com relação a ele mesmo. Os Carneiros nascem com um irresistível ímpeto de ser os primeiros, uma pungente compreensão de que eles não o são e uma baixíssima tolerância ao *stress*. Assim como seu símbolo metafórico, seu Carneiro humano toma o caminho mais curto para atingir um objetivo, mesmo que isso signifique um salto no escuro. Isso resulta em freqüente frustração, nervosismo e uma quantidade enorme de culpa pelo erro mais simples. Preserve os seus da autodestruição ajudando-os a redirecionar suas energias para algo físico e positivo, como pintar o portão ou esfregar o banheiro.

Carneiros Tagarelas

Os arianos estão sempre conversando. Eles realmente acham que você deve considerar muito a opinião deles, senão não estaria aí sentado ouvindo. Você poderia jogar um tijolo para fazer com que os seus se calem. Mas você apenas acabaria tendo de cuidar deles, já que estariam tão ocupados falando que não lembrariam de se abaixar. Os Carneiros sabem jogar limpo e, uma vez que o seu entenda as regras, você vai poder ter uma conversa tolerável que, se não for de igual para igual, pelo menos será de mão dupla. Eles apreciam a honestidade, então seja direto, porém gentil. Diga a seu Carneiro que você aprecia as opiniões dele, mas que é importante que ele escute sem interromper até que você acabe de falar. Providenciar uma tigela de pipoca para ele mastigar enquanto você fala pode ser uma boa idéia.

Carneiros Dominadores

Os Carneiros acreditam que nasceram para liderar, portanto é inútil você tentar mandar em um. Quando você quiser alguma coisa, precisa usar a psicologia reversa e lançar um pouco de desafio para a coisa ficar de bom tamanho.

Por exemplo: sua ariana devia ter replantado os canteiros antes da reunião de família do próximo domingo. Exigir que ela termine o trabalho que começou três meses atrás só vai servir para deixá-la irritada. Em vez disso, elogie profusamente o que ela já fez, e então sugira que talvez vocês devessem chamar um jardineiro. Diga que você entende que ela não pode fazer tudo e, além disso, um jardineiro de verdade sabe mais que qualquer um sobre arbustos e flores. Só para finalizar, mencione, como quem não quer nada, que você viu que a vizinha que ela detesta (sempre há alguém que um Carneiro detesta) já está quase acabando de plantar uma nova sebe de rosas trepadeiras.

Antes que você possa folhear as Páginas Amarelas atrás do jardineiro, sua ariana já vai ter corrido para o viveiro. E, antes que a semana acabe, você vai ter o jardim mais bonito da cidade.

Dicas Rápidas para Emergências
♈ Os Carneiros precisam de muita atenção e elogios freqüentes.
♈ Lembre-se de que o ego deles é frágil como o de uma criança pequena e aja de acordo.
♈ A psicologia reversa é a chave para conseguir as coisas.
♈ O exercício físico pode abrandar um acesso de raiva.
♈ Corte o barato deles ignorando-os ou tratando-os como se fossem idiotas.

Carneiros de Cabeça Quente
Adriane Galisteu
Airton Senna
Antônio Fagundes
Átila, o Huno
Butch Cassidy
Capitão James T. Kirk (e William Shatner)
Casanova
Lucrécia Borgia
Rodney King
Scarlett O'Hara
Xuxa

Capítulo Três

Touro
20 de Abril — 20 de Maio

O que é meu é meu, o que é seu é meu também

Elemento: Terra. Touro é como um pântano cheio de árvores ancestrais cobertas de musgo. Manobrar nesse atoleiro parece um sonho no qual você tenta andar, mas não chega a lugar nenhum.

Modalidade: Fixo. O Touro é o objeto imóvel primordial.

Símbolo: O Touro. Confiante como um touro. Determinado como um touro. Furioso como um touro. O próprio touro.

Regente: Vênus, a deusa da luxúria, do ciúme e do hedonismo.

Atitude Predileta: Dar sua opinião na hora do jantar.

Livro Favorito: *O Gourmet Glutão*.

Modelo Exemplar: Tio Patinhas.

Emprego dos Sonhos: Juiz de enforcamentos.

Frase Predominante: "Por que você me fez bater em você?"

Parte do Corpo: A garganta, normalmente doendo de tanto berrar.

Aproxime-se com Cuidado

Touro, o segundo signo do Zodíaco, reside na casa do Dinheiro e das Posses. A astrologia tradicional gentilmente descreve a pessoa desse signo Fixo da Terra como caseira, constante, perspicaz, econômica e boa cozinheira. A versão da vida real que você tem em casa mais se assemelha a um avarento, teimoso, que julga todo mundo e que tem problemas com a balança.

É só falar em Touro e a maioria das pessoas invoca uma imagem mental de Touro Ferdinando, do autor sagitariano Munroe Leaf, pacificamente mastigando capim e piscando seus enormes olhos bovinos em plácido contentamento. Incline-se sobre a cerca e ele deixará você coçar atrás das orelhas dele. Pule a cerca e tente pegar um pouco das margaridas que crescem no seu pasto e você logo descobre o lado negro da tranqüilidade — o Touro Enfurecido. Com a prática, você pode identificar uma investida iminente. O rosto dele ou dela turva-se visivelmente à medida que a irritação cresce. Os olhos ficam embaçados, o maxilar se projeta, ou enrijece, muito levemente. Alguns inconscientemente abaixam um pouco a cabeça e olham para você como um touro de verdade faz antes de investir. Dependendo de quanto autocontrole o seu Touro tenha, você tem de um segundo a uns poucos minutos para se safar.

Vênus rege Touro e, nesse caso, essa menina má ancestral confere um apetite insaciável. Os Touros nunca estão satisfeitos com o quanto têm de aprovação, posses, comida, descanso ou sexo.

Os Touros são emocionais, não intelectuais. Por confiarem no instinto mais do que nos fatos, são sempre vítimas de sua própria natureza crítica. O fato de ter nascido sem o gene que lhes permitiria ver o ponto de vista da outra pessoa, ou seja, a empatia, anulou toda lógica e racionalidade. Defender o seu ponto só vai enraivecê-los e deixar você louco. Exponha seus argumentos e o Touro simplesmente pisca aqueles enormes e expressivos olhos e olha para você como se você estivesse falando numa língua estranha.

Se Você Ama um — Homem de Touro

A grande questão — que eu jamais pude responder — é "O que uma mulher quer?"

SIGMUND FREUD (6 DE MAIO)

Ele é paciente, prudente e perseverante, uma muralha de força em quem você pode confiar. Você vai ficar caída pelo seu charme tímido e aqueles grandes olhos tristes. Ele pode lembrá-la de um herói de fala mansa e andar lento como Gary Cooper ou Henry Fonda. Suas necessidades são poucas: um lar e uma família, uma boa mulher e um pé-de-meia para os dias ruins. Antes que você comece a babar, continue lendo, querida.

O taurino pode lhe oferecer o conforto de um sapato velho, mas o que é provável que você consiga é uma mentalidade de recruta de exército. Ligue-se ao Touro e ou você faz as coisas ao modo dele ou faz sozinha. Ele não vai se importar com a sua independência se puder se beneficiar dela de algum modo e desde que o jantar esteja pronto quando ele chegar.

Não espere uma chuva de elogios e atenção ilimitada. Mas prepare-se para ser relegada ao papel da mulherzinha. De todos os homens do universo, esse é o que melhor atende à típica versão dos anos 50. Ele vai comprar suas roupas, escolher seus amigos e criticar suas crenças. É crítico e rígido em suas idéias, atitudes e preconceitos. Nada do que você diga ou faça vai mudá-lo. Você vai ter a nítida sensação de que está sendo lentamente cozida viva, assim como a rã da fábula, e você estará certa. Foi o sr. T quem inventou a relação sufocante.

Ele é ciumento, possessivo e obsessivo. Irrite-o e ele vai guardar rancor. Infelizmente, não um rancor silencioso. Ele vai fustigar, provocar e fazer comentários odiosos até que você tenha vontade de arrebentar a cabeça dele com o objeto mais duro que encontrar.

William Randolph Hearst é um clássico exemplo do amor taurino pelos bens levado ao extremo. Ele gastou dezenas de milhares de dólares para construir um castelo de verdade repleto de inestimáveis obras de arte e mobiliário do mundo todo. De acordo com a lenda hollywoodiana, Hearst construiu o castelo para sua amante, Marion Davies, porque sua mulher se recusou a lhe dar o divórcio. Isso é que é gaiola dourada e o verdadeiro conto de fadas macabro.

Você deve achar que um sujeito com todo esse poder e dinheiro não teria dificuldade para comprar uma esposa. Bem, Marion não conseguiu uma aliança de casamento e também não conseguiu o castelo. Era o castelo dele, recheado dos bens dele. Ela era apenas um adorno vivo para a decoração da casa.

O amor taurino pela comida é famoso, e o Touro gosta de comer. Depois de dois anos de casado, ele deve estar usando macacão GGG e uma cinta para segurar a barriga. É capaz de comer a ponto de sofrer vários ataques do coração e espera que você assuma o papel de enfermeira.

Para ele, não há nada mais excitante do que mudar do canal de culinária para o de luta livre. É conveniente, pois fica perto da geladeira e o melhor de tudo: é grátis. Você pode ser irresistível e ele pode até amar você loucamente, mas ele nunca vai entender por que você precisa de outra companhia além da dele. Se o Touro sair com você, será para ir a algum dos restaurantes favoritos dele, onde ele estará ocupado demais se empanturrando de comida para manter uma conversa decente.

Ele é pão-duro. Só mesmo um Touro poderia viver com um orçamento apertado sem necessidade. Ele pode ter milhões, mas você nunca vai ver os extratos do banco, embora possa ganhar uma mesada. Se você conseguir o dinheiro dele, vai ser porque você viveu mais do que ele ou o matou enquanto dormia. A última hipótese vai se tornando uma idéia tentadora à medida que o tempo passa.

A psicanálise de Sigmund Freud foi uma revolução no campo da psiquiatria. Mas só mesmo um homem de Touro poderia, de uma só vez, ser tão obtuso e tão narcisista a ponto de definir as frustrações e sofrimentos emocionais não resolvidos de uma mulher como inveja do pênis. Ter Escorpião por ascendente só fez intensificar as obsessões de Freud por sexo. Praticamente todas as suas teorias responsabilizam o sexo por todos os males emocionais da humanidade. Incluindo Sigi, o próprio, que teve um longo caso com a irmã mais nova de sua mulher. O deslize freudiano primordial.

O jogo favorito do Touro é o Grande Inquisidor. Ele espera que você faça um relatório de cada detalhe de seu dia. Ele também vai revistar seus papéis particulares e ler o seu diário na primeira oportunidade. Se você tiver um passado e for tola o suficiente para contar a respeito, ele é capaz de usá-lo contra você a qualquer hora pelo resto da sua vida. Sua melhor chance é comprar uma caixa-forte e ficar bem longe.

Ele é tão estável que chega a ser inerte. Casa e trabalho são tudo o que ele conhece e de que precisa. Embora seja um atleta entre os lençóis, o que ele realmente quer é alguém para cuidar da casa, e é tão insensível que você precisa acertá-lo com uma frigideira para que ele preste atenção em você. Se você é do tipo que precisa de um pouco de excitação de vez em quando, você pode ou lamber a tomada ou ter um caso. Com um homem de Touro, eu optaria pela primeira alternativa. O Touro não é do tipo que perdoa e esquece. Embora deteste mudanças, ele é perfeitamente capaz de descartar você num dia e substituí-la no próximo.

Se Você Ama uma — Mulher de Touro

> *O problema de algumas mulheres (com relação aos homens) é que elas se empolgam com qualquer coisa e então resolvem se casar com eles.*
>
> CHER[6] *(20 DE MAIO)*

Ela é a Mãe Terra numa camisola preta. É fiel, corajosa e forte. A mulher de Touro procura a segurança e um parceiro dependente. O dinheiro não é tão importante desde que você possa proporcionar uma boa casa e as necessidades básicas. Ela tem uma visão da vida animadoramente simples. Imagine pão recém-assado, um aconchegante ninho de amor e a delicada mãozinha dela na sua. Antes que você se ajoelhe para oferecer aquele anel de noivado, imagine uma mão de ferro por baixo daquela luvinha de veludo.

Ela é dura como um prego, não importa o quanto tente convencer você, ou a si mesma, do contrário. Ela também é uma vítima. Você, por outro lado, vai ser o eterno canalha a partir do momento em que colocar a aliança no dedo dela. Não se esqueça.

Se vocês brigarem, tome cuidado: ela tem toda a fúria de seu equivalente masculino e o mesmo gosto pela violência. Ela vai atirar na sua cabeça, sem hesitar, o que quer que tenha nas mãos, inclusive uma faca de açougueiro.

A comida é um prazer emocional. Ela vai comer quando estiver alegre, deprimida, zangada ou apenas morta de fome, ou seja, o tempo todo. No segun-

---

6. Cantora e atriz norte-americana que estrelou o filme As *Bruxas de Eastwick*.

do aniversário de casamento, o guarda-roupa de verão dela consistirá de um enorme vestido solto azul e chinelos. No inverno, o vestidão será vermelho e ela vai trocar as sandálias por meiões. Vai completar o traje com um xale de lã que ela achou no brechó. Junto com o ganho de peso virá um declínio natural naquela compulsão por manter a casa arrumada. O raciocínio dela será o de que não adianta limpar porque vai sujar de novo. Ela vai, no entanto, esperar que você tenha dois empregos para pagar um carro novo para ela. Ela merece por agüentar você.

Ela adora começar brigas em família e depois sentar-se e observar a confusão. Sensível como um sargento treinando recrutas, ela vocifera ordens, faz pronunciamentos, planeja o futuro de todo mundo e espera obediência cega. Tente argumentar com ela e ela vai enrijecer o maxilar e cravar os pés inchados no chão.

A mulher de Touro não acredita em nada que não possa agarrar com suas mãozinhas vorazes. Ter algum pensamento que não seja imaginar de onde virá a próxima refeição é algo totalmente estranho a essa dama, como também a idéia de você com outra mulher. Mesmo que pegue você com as calças arriadas, ela pode se recusar a acreditar nos próprios olhos. A segurança, mesmo que seja com um desclassificado, é mais importante que a auto-estima dela.

Ela se deprime com facilidade. Se o sorvete de baunilha acabar, ela pode ter um chilique. Quando está mal, ela lembra a enfermeira maníaca interpretada por Cathy Bates em *Louca Obsessão*. A sua taurina pode não ser uma grande fã sua, mas é certamente capaz de amarrar você para mantê-lo em casa. Não fisicamente, mas emocional e financeiramente. Ela vai gastar seu dinheiro mais rápido do que você pode ganhar, enquanto investe o dela numa conta que você nunca vai descobrir.

Ela é uma mártir. Culpa o mundo, o trabalho dela, as crianças e você pelos erros dela mesma. Se ela comer quatro pratos de lasanha e passar mal depois, a culpa é sua por deixá-la comer tanto. Se ela atropela um gato a caminho do trabalho, é culpa do gato por estar no meio da rua.

Ela é também uma sobrevivente. Veja Catarina, a Grande, da Rússia. A família dela foi enganada para permitir um casamento arranjado com o herdeiro do trono da Rússia. Quando descobriu que o príncipe era retardado e a Rússia, um país quase bárbaro, a mãe de Catarina reclamou do engodo e foi despachada de volta para casa sem nem um adeus. Catarina tinha 19 anos.

Catarina, a Grande, não apenas sobreviveu, ela triunfou. Usou sua sensualidade terrena para se imiscuir no coração do guarda pessoal do príncipe e logo produziu um filho homem exuberante e normal. Os boatos diziam que o pai do bebê era um guarda cossaco. Isso não importava para um povo que havia sido submetido aos caprichos de um louco. Depois, com a ajuda de outro amante, Catarina confiscou o poder, despachou o imperador e salvou o país. Ela reinou por quase quarenta anos.

É muito menos provável que sua mulher de Touro mate você por vingança, mas de algum jeito ela também vai se vingar. Ela não vai usar chantagem emocional, como alguém de um signo de Água faria, ou berrar, como alguém de Fogo. Ela prefere o papel de juiz e júri e reivindicar a punição pelo resto da sua vida.

Quando você estiver pronto para dar o fora nela — e quem poderia culpá-lo? — prepare tudo em segredo e tire o dia de folga no trabalho para se mudar sem ela saber. Parece cruel, mas pode evitar que você vá parar no hospital ou no necrotério. Se você repetidamente se portar tão mal a ponto de ela mandar você embora, apenas jogue sua escova de dentes e uma muda de roupas de baixo num saco de pão e caia na estrada. Ela vai ficar com todo o resto. Infelizmente, para ela, precisa muito para fazer uma taurina chutar você. Ela é como aquela bola de ferro no pé dos condenados. Faça-a chorar e ela vai ficar deitada no sofá tomando sorvete o dia inteiro. Deixe-a brava e é você que vai ficar deitado no chão, com um olho roxo.

Se Você é um — Imprestável de Nascença

Regra nº 1: Eu nunca estou errado.
Regra nº 2: Quando em dúvida, veja a Regra nº 1.

ANÔNIMO

Você é teimoso, inflexível e tão relaxado que parece que está em coma. Isso num dia bom. Como acontece com todas as verdadeiras forças da natureza, não há nada sutil em você. Você é capaz de uma ira que chega a dez pontos na escala Richter. No fundo, você acredita que está certo, mesmo quando provam que você está errado, e tem uma mente tão estreita que você pode ficar tão profundamente preso a uma rotina que vai precisar de uma escada para sair de lá.

Para você está tudo bem, porque acha que essa é uma maneira segura e saudável de viver.

Você aceita perfeitamente a idéia de ir se arrastando pela vida sem pisar no pé de ninguém, desde que todo mundo entenda que você é quem manda. No entanto, você mexe seus pauzinhos em casa para descobrir quem realmente está do seu lado. Você precisa da constante adoração do seu cônjuge, exige obediência cega dos seus filhos e esmaga algumas cabeças de vez em quando só para garantir. Você esquece seus acessos de raiva assim que eles passam, e não consegue entender por que aquele parente que você humilhou há uma hora não quer apreciar o delicioso jantar que você acaba de fazer.

No amor, você tem a abordagem de uma broca de dentista. Você leva qualquer um para a cama, mas, depois do feito, não há brilho nenhum. Antes que sua parceira recupere o fôlego, você já está roncando. Você acorda em poucos minutos, pronto para outra. Mas então será sua parceira que estará sonolenta. Isso, é claro, significa pouco ou nada para você, desde que você possa se regalar novamente.

Limpar a casa significa jogar fora a pilha de um mês de caixas de pizza e saquinhos de batata frita vazios. Você é viciado em comer porcarias. Suas roupas prediletas são abrigos cheios de queijo grudado que você usa para ficar em casa.

Você é freqüentemente subestimado devido a seu temperamento aparentemente calmo, e você tem talentos que raramente usa. Touro é o signo do escritor, do artista, do ditador, do promotor e do juiz de enforcamentos.

A natureza obtusa do taurino pela qual você é conhecido é apenas uma artimanha. Você compreende. Apenas não se importa com o que os outros pensam e não tem interesse em ninguém que não preencha seu sistema de valores pessoal. Ninguém faz você mudar de idéia e sua força reside no fato de que você só precisa de sua própria aprovação, a de mais ninguém.

No Zodíaco, você é um dos que gostam de ficar em casa. Você não é leviano, namorador ou cabeça de vento. É competente, econômico e cauteloso. Você instintivamente compreende sua natureza poderosa e não se intimida de usá-la para subir na vida, mas precisa aprender que basta um olhar seu e um ronco ocasional para que a maioria das pessoas recue. Se controlar seus famosos rompantes e escolher cuidadosamente suas batalhas, nada vai deter você.

Abaixe a cabeça e dê aquela revirada de olhos e Peixes e Câncer, signos da Água, vão esmorecer. Um Escorpião pode incitar a fúria, mas nem mesmo ele é páreo para a sua cólera selvagem. Os signos do Fogo, Áries, Leão e Sagitário, expelem enxofre e lava, mas sua natureza terrena mantém-se ativa muito depois de eles estarem reduzidos a um monte de cinzas fumegantes. Gêmeos, Libra e Aquário, o ramo dos cabeças de vento, ao tentar decifrar você, apenas causam um zumbido no seu ouvido. Você despacha esses personagens com uma sacudida de rabo. Você e os colegas dos signos de Terra, Virgem e Capricórnio, se entendem no nível da alma e, portanto, raramente têm confrontos sérios.

Sua filosofia é "De tostão em tostão se faz um milhão". Você pouco se importa com o esclarecimento dos mistérios do universo. Deixe que os outros girem e dêem voltas, espumem pela boca e desmaiem. Você está muito ocupado ganhando seu primeiro milhão. Daqui a muitos anos, quando seu ex-amante e outros inimigos estiverem sentados no gramado do asilo, você pode dar para eles aquele aceno com um dedo só, ao passar na sua limusine com chofer.

Parente é Serpente — A Família de Touro

> *Os primos de Bilbo, os Sackville-Bagginses, estavam, na verdade, ocupados medindo o quarto dele... Achavam que ele estava "supostamente morto", e nem todos os que disseram isso ficaram tristes ao descobrir que estavam errados.*
>
> O HOBBIT

Uma casa regida por taurinos me lembra um daqueles filmes *noir* da década de 50. Uma variedade de parentes traiçoeiros morando numa mansão imponente à mercê do pai ou mãe rico, porém miserável e manipulador. Lionel Barrymore[7] na vida real.

Seus pais de Touro vão interrogá-lo depois dos seus encontros, revistar seu quarto periodicamente e dizer o que você vai ser quando crescer. Não se preocupe, garoto. Não dá para ganhar. Se você se tornar o que eles querem que você seja e for infeliz, eles convenientemente vão esquecer que fizeram tanta pressão. Se você tiver uma mente própria e resolver usá-la, eles vão roncar, bufar e ameaçar expulsar você. E mamãe vai estar ocupada demais se consolando com pratos e mais pratos de comida. Vão se recusar a mandar dinheiro. De qual-

---

7. Ator famoso da década de 30.

quer modo, eles não teriam, mesmo. Os pais de Touro se agarram aos bens até morrer.

Há poucos anos, circulou a hipótese de que a Rainha Elizabeth II abdicaria do trono em favor do Príncipe Charles. A razão pela qual ela não o fez foi atribuída ao escandaloso triângulo amoroso que envergonhou a corte. Se isso é o que você e a mídia querem acreditar, ótimo. A verdade é que um Touro senta-se no trono da Inglaterra e esse é um bem muito estimado.

Os bebês de Touro são afáveis e dóceis, desde que você não tente mudar seus horários, fraldas ou alimentação, até que estejam prontos para serem mudados. Se um tourinho de 2 anos não quiser vestir o abrigo vermelho, ou ele vai retesar o corpo inteiro a ponto de você não conseguir enfiar seus bracinhos rígidos nas mangas ou, silenciosamente, vai encher os grandes olhos de lágrimas. Note que essas lágrimas nunca chegam a cair. Ele está tentando manipular você, mesmo nessa tenra idade. Vai berrar se for preciso, mas ele instintivamente sabe que um acesso de gritos só vai fazer com que seja castigado. Troque o abrigo vermelho pelo azul, o favorito dele, e instantaneamente ele vai abrir um sorriso de anjo e lançar o corpinho gorducho para que você o abrace. As crianças de Touro não compartilham nada. Na verdade, a maioria prefere ser filho único, para poder ficar com tudo.

Os irmãos taurinos nunca ficam no lado deles do quarto, deixam toalhas molhadas no chão do banheiro e se esquecem de escovar os dentes. No final de semana, dormem até meio-dia, levantam-se, vão para o sofá e dormem até a hora de ir para cama, com intervalos ocasionais para idas à geladeira, onde fuçam à procura de algo para comer. Você nunca briga, no entanto. Você aprendeu desde os 3 anos a não mexer nos brinquedos dele, ou em suas roupas, ou com quem for o favorito dele no momento, seu pai ou sua mãe.

O que fazer em uma família como essa? Seja educado. Aprenda a mentir. Finja escutar aos intermináveis discursos de seus pais e continue marcando os dias do calendário com aqueles "X" em vermelho. Eles podem ser chatos, estraga-prazeres que só dizem bobagem, mas o mantiveram bem alimentado e deram um carro decente na sua formatura. Mantenha o sorriso até que você possa pegar o carro e sumir no horizonte.

Turma do Escritório — Megeras, Alcagüetes e Preguiçosos Crônicos

O Rei estava com seu contador,
Contando seu dinheiro.

VERSOS INFANTIS

O chefe de Touro parece tranqüilo, previsível e estável. Você nunca vai ouvir sua chefe de Touro proferir uma palavra áspera, mesmo quando você se atrasa ou vive ligando às sextas para avisar que está doente. Você acha que ela está tão envolvida em seus projetos que não vai notar que você fica vinte minutos no telefone ou meia hora a mais no almoço? Pois o seu mundo de sonhos está para virar pesadelo.

O chefe de Touro repara em tudo o que você faz e procura escutar atrás da porta o máximo possível. Pense em Ebenezer Scrooge.[8] Seu chefe espera que você trabalhe tão duro quanto ele, embora você seja apenas um pobre empregado e ele é quem fique com os lucros. É provável que os chefes de Touro dêem aumentos anuais por mérito e talvez uma festa de Natal na firma. Só que o aumento será mínimo e a festa, na sala do café. Não fique esperando trufas. Só vai ter balinhas de hortelã e um cartão barato.

Nunca apóie seu copo de café na mesa, ou seu traseiro na cadeira da sua chefe. Um Touro é tão possessivo no escritório quanto em casa. O taurino Oskar Schindler, do famoso *A Lista de Schindler*, por exemplo, salvou mais de mil judeus dos nazistas. Ninguém questiona sua bravura ou sua compaixão, dois traços definitivamente taurinos. Entretanto, há outros signos tão valentes e compassivos quanto Touro. O que define mesmo seu caráter taurino é o argumento de Schindler, ao se recusar a deixar os judeus "dele" serem tirados de sua fábrica.

Os Touros são ditadores natos. O Aiatolá Khomeini e Saddam Houssein são dois excelentes exemplos de chefes taurinos numa escala absurda. Esses caras tomam nota de tudo, bem como seu chefe. Tempo é dinheiro. Dinheiro dele. Mais cedo ou mais tarde, você vai receber uma lista detalhada de cada

---

8. Personagem avarento e detestado de "Conto de Natal", de Charles Dickens (1812-1870).

minuto ou hora que tenha surrupiado e a dedução equivalente do seu derradeiro salário.

Acabe com os nervos dele ou dela, arrumando sua mesa com freqüência. Use roupas de cor laranja forte ou estampados irregulares para impedi-lo de ficar olhando por sobre seus ombros. Para acabar com o papo dele, basta imitar aquela cara taurina de incompreensão quando estiverem expondo as vantagens de investir 40% do seu salário em ações de empresas respeitadas. Entretanto, isso pode sair pela culatra se o chefe decidir que você precisa de uma lição de estratégias de investimento e o mandar para um cursinho expresso lá longe, nos cafundós do mundo.

Nadar com os tubarões do mundo coorporativo pode ser perigoso, bem como concorrer com Touros. Se uma taurina determinada, teimosa e imutável botar os olhos no seu emprego, é melhor que você seja um geminiano de raciocínio rápido ou um virginiano meticuloso, ou vai ter que enfrentar uma competição e tanto.

Colegas de trabalho de Touro não são homens ou mulheres de grandes idéias. São criaturas de hábito, que gostam de fazer as mesmas coisas, todo dia. Menosprezam você e todo mundo. Eles não fofocam, julgam. E vigiam. Algumas vezes, espionam para o chefe. Normalmente escrevem memorandos sobre as fofocas do escritório em benefício próprio. O empregado taurino que escala a escada corporativa não é tão duro quanto um capricorniano em busca de uma vitória, nem tão paciente como um Escorpião, que fica desejando que você morra. São determinados, teimosos e radicais.

A funcionária de Touro é freqüentemente subestimada por causa de sua natureza tranqüila. Ela não é a representante de vendas rapidinha, nem a debatedora exibicionista, do tipo que soca a mesa. Vai simplesmente decidir que merece o seu emprego e, se você não for extremamente astuto e um pouco paranóico, ela vai conseguir. Se serve de consolo, provavelmente ela, um dia, vai conseguir também o escritório do chefe.

Para frustrar esse tipo que esfaqueia pelas costas, tranque tudo à chave durante a noite. Não deixe um único papel em sua mesa nem um arquivo aberto. Coloque senhas no seu computador para que não possam vir no final de semana e olhar seus dados. Use um fone de cabeça para não ter que falar alto durante uma ligação.

Para provocá-los, pegue o extrator de grampos ou a caneta favorita deles, sem pedir. Chegue cedo e esteja falando no telefone deles, quando eles chegarem. Dê um sorriso vago, ignore o tique nas pálpebras deles e continue falando. Ande segurando seu próprio caderno e rabisque algumas palavras ao passar pela mesa deles. Também não confie em nenhum dos outros idiotas com quem você trabalha. Nunca se sabe qual deles pode estar esperando pela cadeira da taurina se ela conseguir a sua.

Não Podemos Todos Nos Dar Bem?

Você está imaginando como pode ao menos sobreviver, já que sucesso, nem pensar? Aqui estão algumas dicas de como manter os personagens taurinos da sua vida comendo na sua mão.

Touros Tristes Temperamentais

O notório mau humor taurino tem origem em uma sensação básica de insegurança. Pequenos fatos, como uma mudança nos planos para o jantar, ou um olhar de reprovação que você dê, podem levar seu Touro a uma depressão nervosa.

Os abraços funcionam bem para ambos os sexos e para todas as idades. Assim como a música, o filme favorito ou um gesto simples como ceder o controle remoto. Lembre-se da regra do "Silêncio é Ouro" quando o seu Touro estiver aborrecido. Eles normalmente preferem não falar quando estão chateados, então, deixe-os em paz, mantenha-se de bom humor e, antes do que imagina, eles vão se deitar ao seu lado no sofá e deixarão que você coce atrás de suas orelhas.

Touros Mesquinhos

Você consegue tudo o que quiser, inclusive seu nome no talão de cheques (embora isso possa levar um pouco mais de tempo), com paciência, sensibilidade para escolher a hora certa, e uma ou outra mentirinha inofensiva. Você precisa aprender a manipular seu Touro para que ele pense que sua vontade é idéia dele, ou dela.

Por exemplo, você quer um carro novo mas o tourinho não quer soltar o dinheiro. Tentar argumentar racionalmente, dizendo que seu carro é uma armadilha mortífera, não vai movê-lo. Espere até que ele esteja naquele bom humor de ditador benevolente, quando fica cantarolando aquela melodia estranha e faz o café da manhã. Fique murmurando no desjejum. Então suspire e banque a apavorada. Diga que você não se sente *segura* dirigindo o seu carro velho. Você compreende que *ele não possa gastar* com um carro novo, mas um bom carro *usado* já seria ótimo.

A qualquer hora entre o almoço e os próximos três dias ele vai assimilar as sementes que você plantou, replantá-las em sua psique, e fazer brotar a idéia como se fosse dele mesmo. Ele vai ficar preocupado com você dirigindo aquela porcaria. E somente um carro novo é suficientemente bom para sua mulherzinha.

Touros Preguiçosos

Touro é o signo mais preguiçoso do zodíaco. Somente um Peixes pode permanecer imóvel por mais tempo, por razões que eu explicarei mais tarde. Manter seu homem, mulher ou criança de Touro em pé e ativo requer um pouco de estratégia. Berrar, desdenhar, e mesmo bater, vai apenas fazer com que finquem o pé no chão e se recusem a sair do lugar. Lembre-se, Touros humanos são fantasticamente parecidos com seu símbolo zodiacal. Quanto mais você tenta arrastar um touro pela argola do nariz, mais ele empaca, piscando para você. Seduza-o com um punhado de feno fresquinho e ele vai segui-lo direto até o curral.

O Touro adora uma recompensa. Isso faz com que sejam vítimas perfeitas para armadilhas. Então, quando você vier com aquela lista de coisas para seu querido fazer, ou for cobrar aquelas tarefas de seu adolescente, certifique-se de acenar com um prêmio no final (por exemplo: "Depois que você fizer seus deveres, você pode ir ao *shopping* com seus amigos").

Uma cuidadosa explicação do que não vai acontecer também faz com que os Touros movam seus traseiros. No entanto, não ameace. Seja calma e racional — "Eu realmente queria que o pôquer fosse aqui em casa hoje à noite, querido. Mas há tanto o que fazer antes, que eu tenho receio de estar tão cansada que não consiga ir ao cinema, para que você e os rapazes possam ficar com a casa só para vocês".

Touros Furiosos

A menos que você seja um aquariano demente, um ariano briguento ou um capricorniano muito equilibrado, que consegue se desviar de objetos voadores, eu recomendo enfaticamente que você não provoque ainda mais um Touro que já esteja berrando. Mantenha-se tranqüilo e fora de alcance até que ele saia pisando duro e entre no quarto batendo a porta. Então, vá para a cozinha e prepare um bolo. Ou então acenda uma vela com aroma de chocolate, se o seu Touro estiver seguindo a mais recente dieta da moda. Ponha uma música suave e acenda uma lâmpada azul. Prepare uma coisinha para você comer, ponha os pés para cima e espere. A menos que seu homem, mulher ou criança de Touro esteja seriamente ferido, ele ou ela não vai resistir e virá se arrastando, encabulado, para junto de você.

Dicas Rápidas para Emergências
- ♉ Os Touros precisam se sentir seguros.
- ♉ Esperar a hora certa de pedir é a chave para conseguir que as coisas saiam como você quer.
- ♉ Quando estiverem loucos de raiva, corra para pegar o chocolate e mantenha a cabeça abaixada.
- ♉ O sexo acaba com qualquer briga com esse signo sensual.
- ♉ Corte o barato deles com seu próprio olhar de quem não está entendendo nada.

Touros Furiosos
Betty Faria
Faustão
Herbert Vianna
Hirohito, Imperador do Japão
Ho Chi Minh
Homer Simpson
Papa João Paulo II
Raí
Reverendo Jim Jones
Salvador Dalí

Capítulo Quatro

Gêmeos

21 de Maio — 20 de Junho

Tenha coragem e tenha um monte de amigos

Elemento: Ar. O geminiano é como um vento incômodo em um dia na praia. Faz com que você aperte os olhos e, assim, não consiga ver claramente o que acontece à sua volta.

Modalidade: Mutável. Gêmeos é a versão humana da porta giratória.

Símbolo: Os Gêmeos. Problemas em dobro. Falatório em dobro. Vida dupla. Agente duplo. Dupla traição.

Regente: Mercúrio, o deus da malícia e da trapaça.

Atitude Predileta: Tirar a conclusão errada.

Livro Favorito: *Como Fazer Qualquer Um Concordar Com Qualquer Coisa*.

Modelo Exemplar: O Diabo da Tasmânia.

Emprego dos Sonhos: Colunista de fofoca.

Frase Predominante: "Porque eu quero".

Parte do Corpo: Dedos, geralmente quebrados de tanto sacudi-los na cara dos outros.

Aproxime-se com Cuidado

Gêmeos, o terceiro signo do Zodíaco, reside na casa da Comunicação e das Viagens Curtas. A astrologia convencional diz que os Gêmeos são dinâmicos, sedutores versáteis e coquetes da sociedade, multitarefas e inteligentes. A verdade é que estar com alguém de Gêmeos é como ser um convidado permanente para o chá do Chapeleiro Maluco.

Uma regra crucial é não confundir a dualidade de Gêmeos com a dúplice natureza de Peixes. Os Peixes nadam um contra o outro, o que faz do próprio pisciano seu maior inimigo. Os gêmeos de Gêmeos estão sempre lado a lado, encorajando um ao outro, e criticando você o tempo todo. Eles são astutos, não intelectuais, malandros tagarelas e não verdadeiros filósofos. A idéia de sucesso de Gêmeos é ser o primeiro da lista de convidados das pessoas influentes na cidade. Eles adoram circular pelos coquetéis e jogar o jogo do "Desfile de Nomes Famosos". Dizer a um geminiano que você conhece o cabeleireiro de Paul McCartney garante um lugar a seu lado durante o jantar.

Os geminianos são teimosos, não independentes. Eles deslizam pela vida. Gêmeos demandam liberdade, mas a liberdade do adolescente. Estão ocupados demais se rebelando para poder ver qualquer outro ponto de vista. O fato de ter nascido sem o gene da avaliação objetiva impede que eles considerem válida qualquer outra opinião além da deles. Se discutir com um deles, você vai sofrer um interrogatório que faria um espião treinado desintegrar. E se ganhar o caso, o geminiano vai dizer, "É exatamente isso que eu estava tentando dizer a você".

Se Você Ama um — Homem de Gêmeos

Nem morto eu me casaria com uma mulher com idade bastante para ser minha esposa.

Tony Curtis[9] *(3 de Junho)*

Ele é simplesmente irresistível. O homem de Gêmeos é um malandro romântico, independente, que gosta de se divertir e tem doutorado em flerte. Ele pode cozinhar um jantar exótico e então dançar com você à luz das estrelas, indi-

---

9. Ator norte-americano que protagonizou *Spartacus*.

car as constelações e roubar seu coração ao dar uma linda versão dos mitos que originaram os nomes delas. Não convide ninguém para o casamento, ainda. Enquanto você mentalmente faz a lista de convidados, ele se desculpa, dizendo que vai pegar outra taça de vinho para você e, na cozinha, consegue ligar para três outras garotas e marcar encontro no próximo fim de semana. A única coisa em que esse animal festeiro, conquistador e conversador está interessado é em conseguir adicionar o número do seu telefone e o tamanho do seu sutiã à sua sempre crescente lista de vítimas.

O astro do cinema Errol Flynn, geminiano, foi por muito tempo considerado a ovelha negra de Hollywood. A expressão "como Flynn" foi cunhada em homenagem à sua habilidade de conseguir amantes. As aventuras, rebeliões e desregramentos em geral de sua vida real rivalizavam com as dos heróis fanfarrões que ele interpretava. Flynn casou-se três vezes e traiu todas as esposas. A primeira, a atriz francesa Lily Damita, disse, "Você nunca sabe quando ele está falando a verdade. Ele mente só por diversão".

A vida dele foi cheia de animados excessos. Por volta de seus quarenta e tantos anos, entretanto, essa existência de furacão cobrou seu preço e ele era, então, apenas a sombra do homem vigoroso que havia sido. Flynn morreu de ataque cardíaco aos 50 anos.

Seu geminiano provavelmente não vai ser tão ruim, mas todos os homens de Gêmeos têm uma atração fatal por um rostinho bonito. Existem alguns geminianos totalmente fiéis, mas são mais raros do que um sagitariano tímido. Na verdade, a palavra *fiel* tem um significado diferente para um homem de Gêmeos. Pense no geminiano Brigham Young, o mórmon fundador da cidade de Salt Lake, que tinha 27 esposas. Tenho certeza de que, na cabeça dele, o Irmão Brigham se considerava um marido fiel e devotado. Para mim, ele estava é no Paraíso de Gêmeos.

O seu geminiano vai ter cinco hobbies, quatro carreiras e uma variedade de amigos que parecerá uma ONU em miniatura. Mas sua façanha intelectual se limita à memorização das inúmeras versões do jogo Trivial Pursuit e a entreter os amigos fazendo picadinho de você com sua língua impiedosa e insolente. Ele vive para humilhar as pessoas e vai chamar você de baleia na frente de todos, ou então estalar os dedos para chamar você quando estiver com o copo vazio.

Frio e calculista, ele é um rude alpinista social, e vai propor casamento logo no primeiro encontro, se sentir o cheiro de dinheiro. Como marido, é ambivalente. A única coisa que o apaixona é a própria diversão.

Se você acha que amor quer dizer ficar juntos pelo menos parte do tempo, compartilhar um jantar e assistir à TV, é melhor você procurar um canceriano caseiro, ou um virginiano tranqüilo e expulsar esse sabujo excitado. Ou você pode olhar o lado bom. Pode ser que você fique histérica e louca boa parte do tempo, mas entediada você não vai ficar nunca.

Se Você Ama uma — Mulher de Gêmeos

Mulheres bem comportadas raramente fazem história.

MARILYN MONROE (1º DE JUNHO)

Uma mulher de Gêmeos é uma lufada de ar fresco. Ela é generosa em espírito e no coração, e tem um monte de amigos. Seu homem ideal é original, bem ocupado e sem a menor intenção de prendê-la em sentido algum. Ela é espirituosa, eternamente curiosa e adora diversão. Ela pode, sistematicamente, dar conta de uma casa, de uma carreira, de responsabilidades familiares e de muitos hobbies. Antes que você decida que esse animado redemoinho é para você, compreenda que o passatempo habitual dela são outros homens.

Uma mulher de Gêmeos é a glamourosa versão feminina do salafrário hollywoodiano, vestida em cetim, libertina, que usa sua sexualidade para subir. Ela é a pior inimiga dela mesma, e atrai homens tão superficiais quanto ela, num clássico caso de usar e ser usada. Ela denuncia sua natureza geminiana por estar sempre perseguindo uma fantasia, ao mesmo tempo que procura o paizão.

Considere a geminiana Marilyn Monroe. Gata sensual em público, passou toda a sua vida particular procurando um lar estável e um homem que tomasse conta dela. Entretanto, de uma maneira verdadeiramente geminiana, ela nunca deixou que ninguém se aproximasse, ou mesmo estivesse por perto tempo suficiente para estabelecer uma relação duradoura. Embora com freqüência reclamasse amargamente que ninguém a levava a sério, ela nunca se dispunha a abrir mão do glamour e da atenção para perseguir com seriedade qualquer dos interesses humanitários e intelectuais que seus leais fãs diziam que ela apoiava. Numa dualidade geminiana arquetípica, Marilyn se queixava dizendo que tudo o que ela queria era um marido e um lar, mas também dizia, "Eu tenho fantasias demais para ser uma dona de casa". Ela destilava sexualidade, mas, se tinha alguma capacidade intelectual, cedo a trocou pelos refletores. Em uma entrevista no auge da carreira, ela disse: "Parece que eu sou uma superestrutura sem um alicerce".

É claro que a sua geminiana vai ser muito mais estável e menos do tipo loira burra. No entanto, ela também será uma mulher com muitos interesses, dependendo do seu humor no momento e de quem, ou o quê, ela vai achar para trazer para casa a fim de examinar, provar e/ou se apaixonar temporariamente.

Ela adora uma fofoca e suas habilidades de detetive são superlativas. Na verdade, ela daria um bom detetive particular, ou espião, a não ser por uma falha mortal. Embora consiga guardar um segredo, ela muitas vezes não consegue resistir à vontade de partilhar suculentos bocados de mexerico, especialmente se, na comparação, ela sair ganhando. Se você insistir em confessar seu passado negro, não diga que eu não avisei.

A geminiana vive para colocar as coisas em ordem. Você, inclusive. Ela vai sufocar você com amor e devoção — por cerca de cinco minutos. Então vai começar a tarefa de modificar você para seu próprio bem. Com a força de um furacão, vai descarregar sobre você livros, fitas, seminários, conselhos e exemplos da própria vida dela. Vai encontrar para você um trabalho, um advogado e uma casa de saúde e espera que você toda noite faça um relatório de seus progressos.

Tia Mame, a história de uma mulher independente, despreocupada, que vive no limite, é o retrato perfeito da mulher geminiana. A grande estrela Rosalind Russell ganhou um Globo de Ouro e foi indicada ao Oscar por sua atuação como essa dama excêntrica. Talvez tenha sido porque Russell era de Gêmeos e se identificou profundamente com o personagem. O lema do filme — "A vida é um banquete e a maioria dos pobres coitados está morrendo de fome" — resume, em poucas palavras, a filosofia da sra. Gêmeos.

Se Você é um — Imprestável de Nascença

Podemos conversar?

JOAN RIVERS[10] *(8 DE JUNHO)*

Você pertence ao Clube da Novidade do Mês. Foi o primeiro da vizinhança a ter um bambolê, skate ou patins. Também foi o primeiro a baixar no pronto-socorro com fraturas, por se recusar a usar equipamento de proteção. Você tem centenas de conhecidos, mas poucos amigos. Provavelmente porque passa

---

10. Comentarista de moda e comediante.

metade do tempo falando mal deles e a outra metade flertando com suas amantes.

Os geminianos dão grandes escritores, mímicos, vendedores de carros usados, trapaceiros e colecionadores de quinquilharias. Você também é um dos signos paranormais, mas não consegue se manter calado tempo suficiente para praticar seus exercícios de meditação.

Você adora enfeitar os detalhes monótonos de sua vida. Uma ida ao mercado vira o dia em que você reconheceu Elvis no estacionamento. Ao confrontá-lo, você percebeu que não era o Rei, afinal — era Jimmy Hoffa.[11]

Você tem o dom de transmitir conhecimento aos outros. No parquinho, era você que ensinava as outras crianças a brincar de médico. Se você fosse uma droga, seria a bolinha.

Você detesta solidão. Não é nada introspectivo e necessita do estímulo de outras pessoas para ajudá-lo a lidar com todo o chiado que há na sua cabeça. Já disseram do geminiano Bob Hope que, se ele pudesse viver sua vida novamente, ele não o faria por falta de tempo. Enquanto a descrição se encaixa em todo geminiano, a razão pela qual sua agenda social está lotada é porque, quando não há ninguém mais para conversar, ele se aborrece e vai dormir.

Em Gêmeos, Mercúrio concede um talento natural para ver o circo pegar fogo. Você adora convidar pessoas que se detestam para uns drinques, sentar-se e ficar observando a confusão.

Seu calcanhar-de-aquiles é o romance. Você é uma presa fácil de histórias tristes, bajulações ou mentiras deslavadas. Em qualquer outro aspecto da vida, você desconfia da maioria das pessoas que oferecem amizade verdadeira, já que você mesmo é tão falso e hipócrita. No entanto, é só alguém escutar atentamente ao seu mais recente plano bobo, injetando um pouco da própria empolgação aqui e ali, e você está fisgado. Não importa que sua última paixão seja seu sexto cônjuge. Você vai se apaixonar instantaneamente e, depois que a fumaça se dissipar e você perceber que escolheu mais um maluco de carteirinha, vai fugir correndo. Se ao menos você aprendesse a não se casar no intervalo entre a paixão e a fuga, isso já evitaria um bocado de dor de cabeça.

---

11. Líder sindical norte-americano, preso por tentar subornar um juiz, desapareceu na prisão e presume-se que tenha sido assassinado.

Sua natureza jovial e seus impressionantes poderes de recuperação mantêm você razoavelmente ileso nos assuntos do coração. Se você tem alguma culpa, é mais por aquele sentimento incômodo de que você deveria se pôr mais no lugar dos outros. Mas isso não importa. Você é protegido por Mercúrio, o deus dos ladrões e dos mentirosos, e raramente cai em sua própria armadilha.

Não há nenhum signo no Zodíaco que você não possa cutucar. Você ri na cara do Touro Furioso e tem a habilidade inata de desenvolver úlceras em Virgem, fazer Áries ficar duplamente irado e falar mais que Sagitário. Você estoura o balão da arrogância de Leão com uma pitada de verdade dita na hora exata. E as farpas pontiagudas do chato do Capricórnio são dispersadas pela sua atitude calma. A emotividade gritante dos signos da Água o levam à loucura. Entretanto, você sabe exatamente como colocar Peixes, Caranguejos e Escorpiões no espeto e servi-los à la carte. Você e os outros signos do Ar se entendem perfeitamente e, portanto, raramente têm confrontos sérios.

Sua filosofia de vida é "Faça alguma coisa, ainda que errada". Você pode bater de frente com um muro de tijolos e perder o fôlego. Mas sua energia contorna o obstáculo, para ressurgir, inteira, do outro lado. Deixe que o resto da humanidade caminhe devagar como elefantes numa parada. Você passa como uma flecha pela vida, acrescentando cor e imaginação. Daqui a muitos anos, quando todos os seus amantes estiverem se arrastando em seus andadores, você vai estar escrevendo suas memórias em três volumes e dando aulas de sapateado, só para manter a flexibilidade.

Parente é Serpente — A Família de Gêmeos

> *Éramos cerca de sete em um apartamento de dois quartos. E, você sabe, nós todos andávamos para lá e para cá de calções, quase nus.*
>
> MUNKY[12] (JAMES SHAFFER, 6 DE JUNHO).

Viver em uma casa regida por geminianos é como viver no saguão do *Planeta Diário*. O ar crepita com humor, drama e discussões acaloradas. Telefones tocando, portas batendo, tevês, rádios e videogames completam o barulho.

---
12. Guitarrista do grupo *Korn*.

Seu lar de Gêmeos vai estar permanentemente atravancado com o mais recente negócio que mamãe dirige da cozinha e com os antigos amigos de colégio do papai. Livros, revistas e jornais vão estar enfileirados nas paredes, empilhados nos cantos e cobrindo cada espaço disponível na mesa. A boa notícia é que, quando você for para o jardim-de-infância, já vai estar lendo como no colegial; a má é que, se for alérgico a pó, você vai precisar de um respirador.

O mais provável é que você seja filho único, ou tenha apenas um irmão ou irmã. Os Gêmeos raramente têm muitos filhos, porque eles não são os melhores pais do planeta. Isso porque pais geminianos têm, eles mesmos, infâncias intermináveis. Seus amigos vão adorar seus pais porque eles os deixam fumar e beber na sua casa. O que você acha da idéia é irrelevante e imaterial para seus pais Gêmeos, uma vez que eles acreditam em liberdade de todo tipo.

Sua mãe geminiana pode não ser a melhor dona de casa do mundo, mas é só porque ela está muito ocupada fazendo ioga, ensinando você a tocar piano e lendo o mais novo livro de mistério, tudo depois de um dia duro no escritório. Papai vai tentar ser um bom pai, mas ele bem que prefere ser seu chapa e ensiná-lo a detectar um vencedor nas corridas a falar de pássaros e abelhas.

Os bebês geminianos são duas vezes mais atentos, espertos e travessos do que os outros. Sua criança de Gêmeos sabe fazer mais números de desaparecimento que um mágico e vai mantê-lo no auge da forma física de tanto correr atrás dela. Compre uma daquelas correias de segurar crianças, a menos que você goste de correr pelo shopping tentando achar seu pequeno Gêmeos, o qual decidiu investigar todas as lojas e pessoas interessantes por conta própria.

O seu adolescente de Gêmeos vai insistir em dizer a você que consegue estudar ao som do mais novo grupo de rock, e é verdade. Encoraje-o a aprender tudo a fundo, uma vez que sua mente ágil absorve idéias instantaneamente, mas se atém pouco a detalhes. Ensine ao seu Gêmeos desde cedo o valor do planejamento, e a manter o planejado. Ele vai se recusar, interromper, se irritar e vai parecer que está sentando na cadeira elétrica. Mas ele também vai se lembrar e usar seu conselho quando pegar mais coisas para fazer do que dá conta, e não quiser parecer incompetente para os amigos.

Os irmãos de Gêmeos têm namoradas novas toda semana e parece que já nasceram com o telefone grudado no ouvido. A irmã geminiana vai usar qualquer truque para fazer com que você empreste para ela a sua blusa de miçangas prateadas. Ela parece conseguir chorar e sorrir ao mesmo tempo. Se você não emprestar, ela vai se esgueirar em seu quarto mais tarde e pegar de qualquer jeito. Irmãos de Gêmeos enchem a casa com amigos, festas e muito barulho. Ambos têm um impiedoso senso de humor, do qual, mais cedo ou mais tarde, você vai acabar sendo alvo. Ambos têm o dom do exagero e nenhum vai deixar você escapar de suas histórias extravagantes.

Sobreviver a uma família geminiana depende unicamente de você. Já que seus pais são, eles mesmos, eternos adolescentes, eles vão dar a você tanta liberdade quanto você consiga agüentar para aprender tudo o que você quiser. Se você for esperto, à época da faculdade, você vai estar apto a pular um ano ou dois.

Turma do Escritório — Megeras, Alcagüetes e Preguiçosos Crônicos

> *Para mim, tudo na vida é um jogo psicológico, uma série de desafios que você enfrenta ou não. Eu estou sempre testando as pessoas que trabalham para mim.*
>
> DONALD TRUMP[13] *(14 DE JUNHO)*

Trabalhar para uma chefe de Gêmeos ou é uma brisa ou uma tempestade. Uma manhã ela chega vinte minutos mais cedo, passa reto pela mesa dos outros e fica o resto do dia olhando por sobre seus ombros. No outro, ela nem vai notar se você está diligentemente digitando ou falando com o namorado no telefone. O pulo do gato — e sempre há um com Gêmeos — é que você nunca vai conseguir adivinhar qual dos Gêmeos vai aparecer naquele dia. Isso porque ela também não sabe.

Seu chefe vai ter um telefone com viva-voz para poder andar enquanto fala ou procurar, na mesa bagunçada, o contrato que está discutindo. É muito acessível e vai ter um pager, celular, telefone no carro e no chuveiro de casa para o caso de você precisar que ele resolva uma crise no meio da noite. O lado ruim é que ele espera que você esteja sempre tão disponível quanto ele.

Ele é audacioso. Pode ser que o seu geminiano não perca a fortuna duas vezes no prazo de poucos anos, como o geminiano Donald Trump, mas ele vai se arriscar, principalmente quando outros executivos recomendarem cautela.

---
13. Bilionário norte-americano, do ramo da construção civil.

O chefe de Gêmeos gosta de jogos mentais e pode testar com severidade sua determinação com uma série de perguntas boladas para expor segredos da companhia e julgar sua habilidade de pensar por si próprio. Dizer a um patrão geminiano "Porque é assim que sempre fizemos" é motivo para demissão sumária. As regras e os jogadores em um escritório comandado por Gêmeos mudam mais rápido do que você consegue imprimir as novas etiquetas de identificação.

Sabendo escolher a hora certa para fazer as coisas e com um pouco de coragem, você pode se divertir acertando as contas. Deixe que aquelas pequenas tarefas e projetos monótonos e detalhados se acumulem por algumas semanas. Escolha uma hora na qual o chefe de Gêmeos tenha sido excepcionalmente banal e exigente. Então peça por alguns poucos minutos dele. Reveja cada item metodicamente, como um signo da Terra revendo o orçamento anual, certificando-se de tomar quase toda a tarde. Seu chefe vai, provavelmente, voar pela porta assim que você se levantar, e pode até tirar o dia seguinte, ou até dois dias, de folga. Claro que o tiro pode sair pela culatra, uma vez que o geminiano é rápido para identificar um plano, já que ele ou ela bolam outros tantos. Nesse caso, pode ser que você acabe por arrumar aqueles malditos arquivos no sábado.

Ter um colega de trabalho geminiano é como trabalhar com o homem invisível. Os geminianos raramente estão em suas escrivaninhas porque estão sempre ocupados batendo papo no outro departamento, desencavando a fofoca mais recente no bebedouro ou jogando conversa fora no cafezinho no escritório do chefe. Os geminianos não são de ficar olhando para o relógio, então, freqüentemente se atrasam para o trabalho. Também se recusam a trabalhar até mais tarde, porque sua vida pessoal é sempre mais importante. Uma vez que seu salário é sempre reduzido, os geminianos estão constantemente pedindo um pouco de dinheiro emprestado a alguém para segurar as pontas até o próximo pagamento.

Um Gêmeos à procura de um cargo novo é um mestre da duplicidade. Ele, ou ela, vai usar a abordagem do novo-melhor-amigo para evitar o confronto aberto. Eles vão se insinuar, aprender tudo o que você faz, roubar suas idéias e, então, dar na sua mão um relatório de eficiência cuidadosamente elaborado, ambíguo o suficiente para fazer você parecer ineficiente. Vão mentir, dizendo que o chefe os mandou preparar o relatório para, então, magnanimamente, oferecer para trocar de posição com você para "salvar" seu emprego. Isso é feito de maneira tão convincente que você pode se sentir tentado a cair no feitiço do geminiano. Não faça isso. Assim que eles passarem pela porta, achando que enganaram você, vá direto a seu chefe e exponha o plano furtivo.

Para irritar um geminiano, aja como se você soubesse algo que ele não saiba. Os nativos de Gêmeos não agüentam segredos de espécie alguma e ele vai marchar pelo escritório interrogando seus colegas de trabalho, enquanto você digita novamente aquele relatório.

Não Podemos Todos Nos Dar Bem?

Você acha que precisa de botas de trilha para acompanhar um geminiano? Não chega a tanto, desde que você saiba o que o faz correr.

Gêmeos que Passam dos Limites

Homens, mulheres e crianças de Gêmeos têm os mais altos níveis de energia natural do universo. O elemento Ar, duplicado pela natureza geminiana, faz com que eles sejam o signo mais inquieto e impressionável de todos. Eles podem chegar à exaustão e então ser incapazes de relaxar.

Para evitar que o seu tenha um colapso nervoso, ajude a criar um espaço onde ele ou ela possa se retirar e relaxar. Pode ser um canto da sala no qual seu geminiano possa sentar-se e ler, mas ainda se sinta incluído nas atividades familiares, um espaço de trabalho na garagem ou um escritório montado no quarto de visitas.

Longas imersões na banheira para o seu geminiano adulto ajudam a acalmar uma mente inquieta. Lençóis perfumados com lavanda, esfregadelas gentis nas costas e uma simples comidinha feita em casa funciona para todos.

Gêmeos Volúveis

Manter um geminiano fiel não é uma tarefa tão assustadora, desde que você entenda que, embora exija liberdade, ele almeja um lar seguro e estável e um parceiro que o escute. Os nativos de Gêmeos adoram compartilhar suas aventuras e também escutar as suas. Prolongar o jantar enquanto seu geminiano entretém você com o mais recente boato do trabalho, ou com uma fofoca saborosa, vai assegurar que as linhas de comunicação se mantenham abertas.

Os nativos de Gêmeos adoram surpresas. Pequenas escapadas, presentes e bilhetes inesperados provam que você está pensando neles. Crie um paraíso seguro, deixe-os perambular pelo bairro, ficar até tarde com os amigos e, assim como um gato, o geminiano sempre vai voltar para se aninhar a seu lado.

Gêmeos Enjaulados

Dizem por aí que todos os geminianos têm o dom da palavra, e todos, certamente, nasceram com um coração de trapaceiro.

Entretanto, até mesmo o mais escandaloso geminiano é basicamente honesto (devido ao horror de ser confinado em lugares pequenos, tais como uma cela de cadeia), então você pode facilmente manter o seu longe de suas idéias mais perigosas com uma simples lembrança das conseqüências.

Mas nenhum geminiano vivo pode resistir à compulsão de exagerar uma história. Os nativos de Gêmeos adoram conspirar, planejar e fingir e têm um senso de humor terrível. Rir de seus planos de como fazer com que o chefe seja demitido, ou seu esquema de sabotar o caixa automático para que despeje dinheiro como se fosse uma máquina caça-níqueis já satisfaz, de maneira segura, sua compulsão para enfeitar os fatos, e vai dar a seu geminiano horas de grande entretenimento.

Gêmeos Negligentes

Gêmeos é o signo mais versátil do Zodíaco. Entretanto, a ansiedade é a força que os move. Os geminianos temem que, se não se mantiverem em movimento, aquilo tudo que eles estão tentando equilibrar vai cair e se quebrar.

Os geminianos passam os olhos pelos livros, em vez de aprender a fundo, e, freqüentemente, entram com a cara e a coragem, quando deveriam ter estudado mais. Se errar no julgamento da pessoa a quem quer impressionar ou subestimar a dificuldade da prova de história, e, assim, se expuser como fraude, você vai ter em suas mãos uma criatura muito infeliz. Poucas coisas são piores para um geminiano do que parecer ignorante.

Dê aos adultos uma agenda eletrônica, o que satisfaz sua atração por invenções e os mantém organizados para que possam ter tempo de fazer um relatório minucioso em vez de um rascunho superficial para aquela apresentação de *marketing*. Reserve um tempo de estudos sem interrupção para os geminianos jovens, enquanto você ainda tem algum controle sobre seus atos, para ajudar a desenvolver as boas habilidades de pesquisa que eles usarão pela vida toda.

Dicas Rápidas para Emergências

♊ Os geminianos precisam se comunicar.
♊ Ouvir é a chave para entendê-los.
♊ Vença um mau humor com uma saída à noite.
♊ Elogie as idéias deles.
♊ Deixe-os sem ação agindo como se você soubesse de algo que eles não sabem.

Gêmeo Bom, Gêmeo Mau

Boy George
Fernando Henrique Cardoso
Ian Fleming (criador de James Bond)
Ivan Lins
Ivete Sangalo
Joan Collins
Luiza Brunet
Marquês de Sade
Prince
Sônia Braga

CAPÍTULO CINCO

Câncer
21 de Junho — 22 de Julho

Entre em minha sala de visitas

Elemento: Água. Câncer avança pesadamente pela areia movediça. Você acha que está passeando pela praia mais ensolarada do mundo. Logo você vai estar tentando sair de um buraco negro que suga sua vida.

Modalidade: Cardinal. As características de liderança do canceriano se resumem a ser o chefe dos manipuladores emocionais.

Símbolo: O Caranguejo. Rabugento. Furtivo. Recluso. Irritadiço.

Regente: A Lua. Caráter sombrio. Manobras por trás dos bastidores. De lua. Lunático.

Atitude Predileta: Lamuriar-se.

Livro Favorito: *O Manual do Mártir*.

Modelo Exemplar: Abel, o burrinho do Ursinho Puff.

Emprego dos Sonhos: Vítima Profissional.

Frase Predominante: "Depois de tudo o que eu fiz por você".

Parte do Corpo: Peito, permanentemente oprimido por causa da mania de se fazer de vítima.

Aproxime-se com Cuidado

Câncer, o quarto signo do Zodíaco, reside na Casa do Lar. Os astrólogos do tipo "sinta-se bem" dizem que Câncer é reservado, culto e profundamente dedicado à família e aos amigos. A verdade é que os caranguejos são oblíquos, manipuladores e deveriam, isto sim, ser internados pela família e pelos amigos.

Todos os signos de Água são sensíveis, mas Câncer deita e rola em um turbilhão emocional. A Lua rege Câncer e impulsiona a estrutura emocional do caranguejo, da mesma maneira que faz com que as marés subam e desçam, mas acelerando o processo. Seu humor muda de hora em hora. Os Caranguejos podem rir, soluçar, se aborrecer, brincar, retroceder, atacar e reclamar, tudo isso num período de 24 horas. Lembre-se disso quando você sentir necessidade de salvar um. Você pode ir para a cama com uma fada e acordar com uma bruxa.

A maioria é patologicamente tímida em público. Ocasionalmente, você o achará no armário de casa, abraçado a uma caixa de suprimentos de emergência contendo um monte de salgadinhos, bolachas e outras bobagens, lendo um manual de procedimentos em caso de terremotos. Eles são nervosos. Movimentos súbitos os deixam em pânico e a maioria tem medo de grilo, rã, louva-a-deus e do coelhinho da Páscoa. São conhecidos por correrem até cair, tentando fugir da própria sombra.

Os nativos de Câncer são suscetíveis, e não lógicos. Por se ofenderem ao primeiro sinal de discordância, eles passam a vida com complexo de perseguição. O fato de terem nascido sem o gene do pensamento racional nubla sua capacidade de analisar a si mesmos objetivamente. Se discutir com um, ele vai fugir e se esconder embaixo da primeira pedra que encontrar, para evitar o confronto. Mas esteja avisado: ele não está se rendendo, apenas planejando o próximo movimento. Abaixe a guarda e você pode perder um dedo do pé.

Se Você Ama um — Homem de Câncer

Eu detesto fazer a apologia das drogas, do álcool, da violência e da insanidade para qualquer um, mas, para mim, sempre funcionaram bem.

HUNTER S. THOMPSON[14] *(18 DE JULHO)*

A primeira coisa que você vai notar é seu sorriso sincero e adorável. O homem de Câncer é doce, cavalheiresco e tem um senso de humor maravilhosamente descompassado. É sentimental, sensual e genuinamente afetuoso. Ele é um tradicionalista que respeita a convenção social de fazer a corte, acredita na família e no amor eterno e é decididamente o melhor coelhinho do mundo ao qual se dorme abraçado.

Você pode achar que está diante do par ideal, mas o que você tem mesmo à sua frente é o caçador ideal. A idéia que um Caranguejo faz de devoção é se amarrar pela cintura. Então, a menos que você esteja preparada para se tornar sua gêmea siamesa, corra na direção oposta o mais rápido possível. Na cama ele é gentil, mas tão passivo que você logo vai se cansar de ficar sempre por cima.

Sua devoção é lendária. Entretanto, não diga "Eu aceito" até que você entenda que isso se estende a cada amigo e parente que ele porventura tenha tido, especialmente a mamãe. Não é incomum ele esperar até a lua-de-mel para comunicar que a mãe dele vai morar com vocês.

Ele é subjetivo. Seu jogo favorito é "Adivinhe Como Me Sinto". Ele espera que você leia a mente dele, perceba seus humores e remende seu frágil ego, tudo sem ao menos saber o que o aborreceu. Não se preocupe. Tudo o aborrece. Se você esquecer de comprar pasta de dente, ele vai concluir que você não o ama mais. Se disser que quer uma noite para sair com as amigas, ele vai achar que você vai trazer os papéis do divórcio na manhã seguinte.

De modo oposto, ele vai ser tão cego com relação aos seus sentimentos que logo você vai se pegar pensando em maneiras de escapar. Se tentar conversar racionalmente, ele logo vai ficar rabugento e emotivo demais. É tão preocupado com a própria sensibilidade e seu caráter básico é tão enrolado que ele simplesmente não pode acreditar que você não se sinta exatamente como ele, em todos

---

14. Jornalista e escritor americano, notório pelo estilo de vida extravagante que incluía o uso de drogas, foi criador do jornalismo gonzo.

os assuntos. Ele é tão mal-humorado como uma mulher de Caranguejo e pune qualquer pequena ofensa retraindo-se para dentro de sua concha metafórica.

Considere a campanha do canceriano Ross Perot à presidência. Perot se orgulhava de bancar o pai, o chefe e o professor de todos nós, pessoas tão pouco esclarecidas. Ao enfrentar a inevitável oposição, ele tomou como uma afronta pessoal, empacotou os mapas, gráficos e seu apontador e foi para casa. Numa maneira bem típica de Câncer, após um período adequado de afastamento (isto é, de castigo para aqueles que não vêem sua luz), ele decidiu que podia voltar à arena política, se convidado. Acho que ele ainda está esperando.

O canceriano é tão paranóico com segurança quanto um taurino, porém, numa crise financeira, ele vai esperar que você faça todo o trabalho chato, como fazer um orçamento familiar ou ter dois empregos para assegurar o futuro da família. Ele vai estar ocupado demais com um caso de acne provocada por *stress*, para poder mostrar a cara em público.

Nada vai impedi-lo de tentar convencer você a concordar com o ponto de vista dele, mesmo que seja apenas sobre o melhor sabor de sorvete. Qualquer sinal de discordância é considerado rejeição total. Primeiro, ele explica com excruciantes detalhes por que as pecãs são melhores do que nozes. Em seguida, ele experimenta seu costumeiro olhar de menino perdido para ganhar sua condescendência. Se nenhuma das táticas funcionar, ele vai suspirar, dizer que não está com fome e sentar-se em frente da TV, amuado. É melhor você estar preparada para desistir ou então viver em silêncio. Antes que você, agradecida, prefira a última opção, lembre-se de que o silêncio de um Caranguejo é entremeado por grandes e melancólicos suspiros, gemidos maiores ou menores e freqüentes murmúrios lastimosos.

Um primoroso exemplo de um Caranguejo em ação é o Rei Henrique VIII. Quando Henrique quis se divorciar de sua primeira esposa, Catarina, uma sagitariana, para poder se casar com a geminiana Ana Bolena, todo mundo achou que ele simplesmente diria: "Que seja". Em vez disso, no típico estilo canceriano, Henrique tentou assegurar que todo mundo no Reino concordasse com ele. Ele subiu a bordo da sua barca e visitou todos os seus conselheiros reais ao longo do Tâmisa. Pediu ao Papa a anulação e até encorajou Catarina a dizer que o casamento deles nunca havia sido consumado.

Quando Catarina se recusou, ele a trancou na Torre de Londres. Quando o Papa recusou-se a conceder a anulação, o Rei Caranguejo criou a Igreja da Inglaterra, nomeando a si mesmo como seu chefe secular. Alternando exibições de temperamento e tortura, ele garantiu o apoio da maioria dos nobres. Então, fiel à sua natureza mutante, mandou decapitar Ana, com apenas três anos de casamento, depois de ter lutado por ela por cinco anos até conseguir que se casassem.

Embora seu canceriano provavelmente não vá despachar você do mesmo jeito, ele é totalmente capaz de fechar os olhos para tudo o que não reflita seu ponto de vista estreito e mutante. E você vai passar por tediosa e cruel enumeração de seus defeitos e lamentações, com o objetivo de garantir sua devoção submissa e sem questionamentos.

Já que você está numa situação em que não pode ganhar em hipótese nenhuma, você pode muito bem dizer a ele que gosta de sorvete de framboesa, acabou de largar o emprego e, por falar nisso, será que é uma espinha nascendo na ponta do seu nariz?

Se Você Ama uma — Mulher de Câncer

Eu entendo meu povo melhor do que qualquer um. Eu o estudo o tempo todo e até conduzo experimentos.

IMELDA MARCOS[15] *(2 DE JULHO)*

Boa e maternal, a mulher de Câncer instantaneamente faz você pensar em torta de maçã e uma lareira crepitante. Sua canceriana tem um delicioso e caprichoso senso de humor e um coração generoso e compassivo. Ela quer um homem que seja fiel, atencioso e estável. A vida dela gira em torno de você, da família e de um seleto grupo de amigos.

Antes que você a pegue no colo, é melhor que releia o velho poema *A Aranha e a Mosca*. Uma mulher de Caranguejo tece o que aparenta ser um aconchegante ninho de amor, completado com uma companhia devotada. É só colocar um pé dentro e você estará preso numa teia de chantagem emocional para sempre.

Seu lar será um templo à vida dela. As paredes estarão cobertas de fotos de parentes, amigos, e do palhaço que ela conheceu quando tinha 3 anos. To-

---

15. Viúva do ex-ditador das Filipinas Ferdinando Marcos.

da mulher de Câncer tem uma caixa escondida em algum lugar, cheia de brincos sem par, rolhas de vinho, conchas, postais e ao menos um de seus dentes de leite.

Ela tem fobia de emergências. O carro dela vai estar equipado com um kit de primeiros-socorros, frutas secas, água mineral, travesseiros e um bacon caseiro, caso vocês fiquem perdidos no deserto. O fato de vocês viverem na praia e ela só ir trabalhar de bicicleta não faz a menor diferença.

Ela é tão ambígua que você nunca sabe dizer se ela está escutando atentamente ou dormindo de olhos abertos. E, embora ela chore em profusão e se desculpe por ter derramado café no seu pôster autografado do Airton Senna quando ela o tirou da parede para espanar, você nunca vai saber se foi um acidente ou um castigo por você ter ficado com os amigos até tarde na semana passada.

Fiel à sua natureza canceriana, Lizzie Borden[16] primeiro ignorou sua nova madrasta. Quando viu que não deu certo, ela recorreu a uma série de chiliques calculados e nas horas certas. Sempre um Caranguejo em manobras, Lizzie acenou com uma guerra de vontades atrás dos bastidores, enquanto sua imagem pública manteve-se como a de uma professora de catecismo, pia e benfeitora. Duvido que ela tenha planejado o duplo assassinato. Minha teoria é que sua inabilidade de lidar com o triângulo emocional entre a madrasta detestada e o pai amado finalmente tenha explodido num ataque de histeria canceriana. Lembre-se disso, caso você esteja determinado a se casar com essa doida regida pela Lua, grudenta e temperamental.

A madame Caranguejo adora lambiscar. Para conquistá-la, mantenha sua despensa abastecida com comidinhas bem cheias de calorias e substanciosas, sem nenhum valor nutricional. A idéia dela de uma refeição caseira é batatas com molho de carne, biscoitos e gelatina e um imenso sorvete com calda quente de chocolate na sobremesa.

Sua Caranguejo pode levá-lo a pensar que ela quer que você tome conta das coisas, mas, na verdade, ela é que vai controlar você por meio de uma série de bem executadas experiências de quase-morte, várias doenças psicossomáticas, e visitas regulares ao pronto-socorro às duas horas da manhã. Todo o tempo restante ela vai passar lembrando você dos muitos sacrifícios que já fez por sua ingrata pessoa em todos esses anos.

---

16. Lizzie Borden foi acusada de matar o pai e a madrasta a machadadas. Não foi condenada por falta de provas.

A raiva dela é, em parte, encenação e, em parte, uma tentativa maquiavélica de manipular você. Se você ligar para dizer que tem uma reunião à noite, sua Carangueja vai sussurrar, "Tudo bem, eu entendo". Antes que você desligue, ela vai dizer quanto tempo perdeu, como uma escrava, preparando sua comida favorita, mesmo com uma terrível dor de cabeça. Ah, e não tem nenhuma aspirina em casa. Ela tinha esperança de que você pudesse comprar no caminho para casa, mas acha que vai conseguir continuar viva até que você chegue. Nesse ponto, imagine um frágil risinho. Você vai se sentir um canalha o resto da noite. Ela, por outro lado, vai desligar o telefone, sorrir, arrumar um prato com as sobras da geladeira e voar para a TV. Superficialmente, a mulher de Caranguejo sempre parece inofensiva. Assim como Lizzie.

Se Você é um — Imprestável de Nascença

Todas as nossas resoluções finais são tomadas num estado de ânimo que não dura muito tempo.

MARCEL PROUST[17] *(10 DE JULHO)*

O lar é seu esconderijo, dentro do qual você pode ficar trancado por vários meses, recebendo suas compras em casa. Se você puser a cabeça para fora, uma brisa repentina pode mandar você correndo de volta para seu quarto escuro. Entretanto, você não liga, porque tem planos de enriquecer trabalhando em casa, usando o computador e o telefone.

Você não precisa de interação social e tem poucos amigos. Aqueles que tem, você trata como crianças órfãs que precisam de uma mãe e de toda a sua proteção. Você não é de fazer esportes, uma vez que andar até a geladeira a cada uma de suas sessenta beliscadas diárias já cansa. Sua dieta poderia matar um taurino e, ainda assim, você consegue viver até uma idade bem avançada.

Você tem um pavor tão grande de que alguém o esteja espiando, que suas persianas estão sempre abaixadas para que "eles" não possam ver. Você sabe que é paranóico, mas tenta racionalizar, imaginando que isso não significa que alguém não esteja mesmo atrás de você. Por outro lado, você está sempre es-

---

17. Escritor francês, autor de *Em Busca do Tempo Perdido*.

pionando todo mundo que conhece. Você deveria realmente tentar voltar à realidade enquanto ainda consegue achar o caminho.

Os cancerianos dão bons agentes duplos, caçadores, negociantes de antigüidades, corretores de imóveis e inválidos. Também são atores natos e dão grandes acompanhantes de doentes e dementados.

Você se orgulha de fazer as coisas durarem e ainda dirige seu primeiro carro, com a lataria cuidadosamente preservada com cera de carnaúba e estofamento ainda novo, embaixo de camadas de mantas. Você gruda nos antigos parceiros com a mesma tenacidade.

Você é hipocondríaco e tão sugestionável que eu recomendo enfaticamente que nunca assista ao Plantão Médico. Se o seu tio que mora em outro Estado tiver cálculos biliares, você vai rolar pelo chão, em sofrimento, por uma semana. A sua biblioteca é cheia de livros de medicina, periódicos de medicina holística e um monte de guias para uma vida mais saudável. Você guarda um exemplar de um tratado de anatomia no seu criado-mudo, bem ao lado da bandeja com antiácidos, tranqüilizantes, pílulas para dormir e linimentos. Sabe o número telefônico de cada médico, curandeiro e agente de cura em um raio de cem quilômetros.

Você normalmente é asseado, mas vive amarrotado porque guarda suas roupas empilhadas no chão do armário, já que é econômico demais para mandar para o tintureiro e tem medo de usar o ferro de passar.

Seu estado de ânimo muda tão rápido que, mesmo que consiga arrumar energia suficiente para convidar sua namorada para jantar, até a hora de acender as velas e abrir o vinho, você já terá perdido o interesse.

Como Escorpião e Touro, você também é um colecionador. A diferença é que Touro coleciona bens, Escorpião coleciona gente e você coleciona lembranças. Como o chiclete em que você pisou no seu primeiro encontro.

Você também é tenaz, determinado e teimosamente ligado àquilo que seu coração sabe ser o certo, não importa o quão ferozmente os outros tentem dissuadir você. Se praticar meditação para acalmar seus medos interiores e controlar seu ímpeto de acompanhar cada passo da sua família e dos amigos, você vai ter sucesso em todos os níveis.

Sua capacidade de confundir e irritar todos os outros signos garante a sua posição de líder. Nem o Leão que ruge, nem Áries, que respira fogo, podem penetrar sua carapaça protetora. Seu olhar de coruja e sua polida evasiva levam

Sagitário à auto-imolação. Você acaba com o suprimento de ar de Gêmeos, Libra e Aquário com algumas poucas e bem escolhidas observações sobre o comportamento insolente e rude deles. Um de seus olhares glaciais rapidamente silencia os berros e balidos dos signos da Terra, Capricórnio e Touro. E Virgem, com sua crítica minuciosa e detalhista, não é páreo para sua fria avaliação de suas próprias falhas. Você e os outros signos de Água, Peixes e Escorpião, entendem-se perfeitamente e, portanto, raramente têm confrontos sérios.

Sua filosofia é "A paciência é uma virtude". Você está preparado para esperar e planejar o futuro que quer. E, confrontado pela adversidade, você não é fraco nem fica sem ação. Deixe que os outros façam pose, se enfeitem e rivalizem pelos refletores. Você está ocupado demais trabalhando de forma diligente e silenciosa nos bastidores, plantando as sementes de um futuro abundante. Daqui a muitos anos, quando seus inimigos estiverem indo de cadeira de rodas para a terapia na ala geriátrica, você vai estar abrigado como um caramujo em seu chalé na praia, festejando com tacos de chocolate e vinho do Porto.

Parente é Serpente — A Família de Câncer

Nunca vá para a cama com raiva. Fique acordado e lute.

PHYLLIS DILLER[18] (17 DE JULHO)

Viver numa família dominada por Câncer é como viver com o elenco completo de uma tragédia grega. Tem sempre alguém magoado, de mau humor, com dor de cabeça ou esperando que as coisas piorem um pouco mais.

Se você tirar um "C", sua mãe de Câncer vai pôr a mão no peito, afundar na cadeira mais próxima e se perguntar onde ela errou na sua criação. Se tentar cortar as amarras e levar uma vida própria, ela vai fingir uma doença cardíaca para mantê-lo em casa.

Papai ou é distante e estourado ou é a alma da festa. De um jeito ou de outro, ele não vai estar por perto para explicar os fatos da vida, ou mostrar como controlar seu talão de cheques. Não que ele não se importe, apenas não quer

---

18. Comediante, atriz de cinema, teatro e TV, escritora, dubladora, empreendedora, cozinheira, pianista e filantropa americana, recebeu inúmeros prêmios em diversas áreas.

nem imaginar que algum dia você vá sair de casa. Será um pai paciente e amoroso, que fará qualquer coisa, menos deixar que você cresça. Papai Caranguejo vai ficar feliz de reformar o porão, o sótão ou transformar a garagem em um apartamento, se ele achar que isso vai manter você em casa.

Pais de Câncer ficam esperando, acordados, ao lado do telefone e ligam para o 190 e para todos os hospitais da cidade, se você estiver quinze minutos atrasado. São os preocupados crônicos originais. Também vão guardar seu primeiro dente e seu babador manchado de papinha, encher você de macarrão feito em casa e ficar arrulhando enquanto olham suas fotos de bebê, até que você tenha 50 anos. E, até morrer, eles vão se meter em cada aspecto de sua vida.

Tome cuidado ao apresentar um namorado a seus pais. Se eles gostarem e você terminar, são capazes de manter a foto de sua antiga paixão sobre o piano e suspirar de saudades, olhando para o retrato, se você se atrever a apresentar alguém novo.

Os bebês de Câncer já nascem com o gene do mau humor ligado no máximo. Os pequenos Caranguejos invocados esperam ser ninados na hora de dormir até a idade de ir para a escola, e vão segurar na sua mão até adultos.

Os irmãos de Câncer choram até se um chapéu cair no chão, e você vai magoá-los, não importa o que faça. Também vão cair no chão bem na hora de o papai entrar pela porta e começar a gritar que você os empurrou. Vão segui-lo, apesar de você ser o caçula, e vão emburrar se você sair sem eles. Constantemente tentarão mandar, dar opiniões, conselhos, avisos e idéias. Também vão manter contato muito depois de vocês terem saído de casa, e sempre terão uma refeição quente e uma cama pronta, caso você precise.

Seu lar de Câncer pode ser emotivo e monotonamente fora de moda, mas também é seguro, acolhedor e cheio de tradições de família. Quando você finalmente se for, seus pais chorosos são bem capazes de dar para você um talão de cheques de uma conta com um saldo surpreendentemente alto.

Turma do escritório — Megeras, Alcagüetes e Preguiçosos Crônicos

As coisas estão mais parecidas com o que são agora do que jamais estiveram.

GERALD FORD[19] *(14 DE JULHO)*

Câncer não é o melhor signo no poder, qualquer que seja a posição. Chefes Caranguejos compreendem suas próprias fraquezas e, se ele conhecer as suas, que Deus ajude a todos no escritório. Eles não seguram a barra quando o tempo esquenta, e normalmente fazem duas coisas. Ou reagem exageradamente e começam uma guerra ou então refugiam-se atrás de uma porta fechada, deixando que você e seus colegas afundem ou nadem sozinhos.

O chefe de Câncer vai sujeitar você a intermináveis mudanças nas regras, a olhares desmoralizadores e a observações impacientes. Se você pedir ajuda, ele responde com um "descubra por si mesmo". Ou então você terá uma resposta específica e detalhada, que você depois vai descobrir que está errada. Então a culpa vai ser sua, porque seu chefe vai convenientemente esquecer que ele mesmo disse aquilo. Já que ele não assume a responsabilidade por suas próprias ações, ele pode até dar uma advertência escrita, ou mesmo despedir você, para se safar.

Se um Caranguejo que sempre foi hostil com você quiser, de repente, ser o seu melhor amigo, pode apostar seus disquetes que ele, ou ela, está querendo pegá-lo, porque esse tipo de comportamento sugere que eles se sentem culpados por algo — como ter bisbilhotado seu lixo na noite anterior ou contado ao chefe que ela encontrou um *e-mail* seu falando mal da empresa. Estando alerta, é fácil estragar os planos dela.

Câncer é o signo mais fácil de ser confundido no Zodíaco. Quando o relatório de *marketing* chegar, date, agende e guarde uma cópia para o seu arquivo. Mande apenas a primeira página para a traidora, diga ao chefe que está na mesa dela e então sente-se e divirta-se vendo ela tentar achar o resto.

Corte seu barato usando a hipocondria dela. Cumprimente-a pela manhã com uma história sobre a mais nova e terrível epidemia de gripe. Na hora do almoço, diga "Você está se sentindo bem? Parece tão pálida!" Logo ela vai começar à suspirar, tremer e desmoronar. Vai sair mais cedo, ofegante e tossindo e,

---

19. Vice-presidente nomeado por Nixon que se tornou o 38º Presidente dos Estados Unidos.

se você tiver sorte, vai ligar dizendo que está doente e vai ficar em casa pelo resto da semana.

Não Podemos Todos Nos Dar Bem?

Sem ter que fazer um curso emergencial de psicologia ou ter uma cópia da chave da farmácia do bairro, será que é possível encontrar a felicidade com a pessoa mais temperamental do universo? Não é apenas possível como, com uma pequena ajuda, pode ser moleza.

Caranguejos Barulhentos
Câncer é o mais temperamental de todos os signos. É também o mais sensível e interioriza todas as questões. Ajude o seu canceriano a lidar com isso oferecendo simplesmente afeto e carícias freqüentes. O Caranguejo adora ficar de mãos dadas diante da lareira e assistir a filmes antigos que o façam chorar. Se estiver mesmo muito apavorado, coloque-o em um banho quente e lave suas costas, enquanto bebe uma xícara de chá de ervas e, então, pule para a cama. Logo vocês dois vão estar sorrindo.

Caranguejos Mártires e Manipuladores
Os Caranguejos custam a se entregar e são muito desconfiados. Suas manobras e sua pose de mártir são um mecanismo de autodefesa para testar seu mérito. Você tem razão, é desesperador, mas fácil de superar. Reafirmar a confiança é o segredo. Não vai demorar para você descobrir o que provoca o seu canceriano. Qualquer coisa, desde esquecer o alho até ser apresentado a um dos seus colegas de trabalho bonitões. Não importa quão esquisito seu Caranguejo se torne, continue declarando seu amor eterno e logo ele ou ela vai relaxar a cara feia e deixar você sair para se divertir com os seus amigos.

Caranguejos Paranóicos
Os Caranguejos temem o desconhecido. Eles também têm uma imaginação fértil e sonham com todo tipo de enredo apavorante que sempre termina com eles sofrendo em solidão. Se você se atrasar, eles imaginam um acidente de carro. Se for tomar um avião, vão roer as unhas até que você ligue e diga que chegou bem. Comprar celulares para toda a família vai dar o lastro que seu Caranguejo precisa e vale o preço pago para preservar sua sanidade. E ele nem vai ligar mui-

tas vezes, porque só saber que pode ligar, se quiser, já é o suficiente para acalmar seus medos.

Caranguejos Hipocondríacos
A fragilidade emocional de Câncer, junto com o fato de que eles cuidam de todos, menos de si mesmos, faz com que sejam suscetíveis a doenças de verdade. Some a isso sua natureza extremamente temperamental e você tem alguém que, muito provavelmente, adoecerá de verdade e, além disso, será capaz de adoecer a si mesmo.

Se sua Carangueja começar a esmorecer, embrulhe-a em um suéter confortável e vá ver um filme, uma exposição de decoração bem cara ou o jardim japonês mais próximo. Arrume um tablete antiácido, dirija bem juntinho dela, como quando vocês eram adolescentes, e mantenha uma conversa sobre todas as suas lembranças favoritas. Logo sua Carangueja vai tirar o suéter e a cara de doente e vai conversar alegremente com você sobre as intermináveis minúcias que ela adora.

Dicas Rápidas para Emergências
♋ Os cancerianos precisam de aprovação.
♋ Abrace-os quando estiverem tristes.
♋ Encoraje o senso de humor oscilante deles.
♋ Lembre-se de que eles sempre são mais bonzinhos antes de atacar.
♋ Corte o barato deles alimentando sua hipocondria.

Caranguejos de Ataque
Courtney Love
Dalai Lama
Gisele Bündchen
Lady Di
Marisa Monte
Mike Tyson
Nancy Reagan
O Lobisomem
O. J. Simpson
Ronnie Von
Santos Dumont
Serginho Groisman

CAPÍTULO SEIS

Leão
23 de Julho — 22 de Agosto

Ou é do meu jeito, ou...rua!

Elemento: Fogo. O Leão de Fogo é a constante chama incandescente do Sol. À distância, aquece. Se chegar muito perto, você frita.

Modalidade: Fixo. Leão é fixado na ótima opinião que tem de si mesmo.

Símbolo: O Leão. Bancar o Leão. A parte do Leão. O Rei da Selva.

Regente: O Sol. Banho de sol. Raio de sol. Queimadura de sol.

Atitude Predileta: Dar ordens.

Livro Favorito: *Intimidação para Iniciantes*.

Modelo Exemplar: Frangolino, o galo dos desenhos do Pernalonga.

Emprego dos Sonhos: Chefe dos Chefes.

Frase Predominante: "Você mereceu".

Parte do Corpo: Pulso, permanentemente deslocado de tanto arrancar o dinheiro do lanche dos colegas.

Aproxime-se com Cuidado

Leão é o quinto signo do Zodíaco e reside na casa da Criatividade e do Sexo. Qualquer livro de astrologia dirá que os Leões são amantes exuberantemente divertidos, orgulhosos, autoconfiantes e que são leais, generosos e elegantes. Esses livros devem ter sido escritos por um astrólogo leonino. A verdade é que os Leões são megalomaníacos autoritários, que adoram chamar a atenção, cujo comportamento infantil e egocêntrico só perde para suas infames tentativas de mandar em todo mundo.

O Sol rege Leão e, assim como aquele é o centro de nosso universo, o Leão, ou Leoa, considera-se o centro do seu universo. Eles esperam adoração absoluta, mas concordam com uma reverente deferência à sua posição como Regente Supremo. Os Leões são de dois tipos: barulhentos, insolentes e controladores, ou quietos, dignos e astutos. Não confunda quieto com tímido. Não existem Leões tímidos.

Os leoninos são teatrais, e não práticos. A constante necessidade de atenção freqüentemente neutraliza sua natureza alegre e travessa. E, quando perdem contato com essa parte, eles se tornam tiranos egoístas, rugindo pela vida afora e criando sofrimento. O fato de terem nascido com o gene da satisfação imediata ofusca qualquer capacidade de compreender quanto vale cultivar uma idéia ou um relacionamento. Se você discutir com um, ele vai rugir com fúria indignada. Se ganhar a parada, o Leão vai encarar você em silêncio e então retirar-se para as sombras para planejar seu próximo ataque.

Se Você Ama um — Homem de Leão

Eu invento uma resposta diferente a cada vez que me fazem uma pergunta.

ANDY WARHOL[20] (6 DE AGOSTO)

Um Leão do sexo masculino tem um bom coração, é generoso e digno. É um romântico legítimo, o qual você não precisará chamar duas vezes para um passeio ao luar ou uma ida ao seu refúgio favorito no fim de semana. O Leão procura uma parceira que seja estável, que se importe com a família e que seja inteligente. A família o adora, ele faz os amigos rirem o tempo todo e é sempre o centro

---

20. Pintor e artista gráfico norte-americano.

das atenções. No escritório, na cadeia ou na praia, ele é o centro de todas as atenções. Sempre.

Seu jogo favorito é bancar o comandante do navio. Um Leão sai distribuindo ordens com a rudeza de um general mandando nas tropas e espera que você se vire para servi-lo completamente. Ele exige ser recompensado por chegar em casa cedo e também exige seu respeito, quer ele mereça ou não. Se ele por acaso se lembrar de seu aniversário, só mesmo uma primitiva demonstração de bajulação vai conseguir satisfazer seu ego.

Ele raramente perde a calma, desde que você o chame de "amo", enquanto se curva em respeito. Experimente desafiar sua autoridade e ele vai rugir, chutar o sofá e dar uma série de ultimatos com a intenção de instalar o pavor em seu coração. Assim que o espetáculo acaba, ele esquece tudo. Se você for suficientemente estúpida para deliberadamente ferir o orgulho de um Leão ou, pior ainda, atacar sua dignidade, você logo vai se sentir como um quilo de carne moída sendo preparado para o jantar.

Se ele for um Leão tranqüilo, será um ditador benevolente que quer que você gravite em torno dele o tempo todo. Vai querer que você esfregue os doloridos ombros dele e que diga como ele é forte, como está em forma e quão maravilhoso ele é, não importando sua idade ou forma física. Ele, por outro lado, não vai hesitar em dizer que o seu cabelo está uma droga, seu traseiro é grande demais e que você tem a inteligência de um mosquito. Quando você chegar às lágrimas, ele vai ficar sinceramente chocado pois, na cabeça dele, estava apenas tentando dar a você o benefício de seus sábios conselhos.

Estude o personagem do professor Henry Higgins em *Pigmalião*, peça do leonino Bernard Shaw, se você quiser uma aula objetiva do caráter de um leonino. Depois de repreender, humilhar e dar sermões em Eliza Doolitle, ele se recusa a elogiar seus esforços e, em vez disso, fica com os créditos pelo sucesso dela. Num estado de confusão típico de um leonino, Higgins sai gritando pela mãe quando a garota finalmente diz para ele se mandar. Eliza tinha que ser de Capricórnio.

Quando está com um humor brincalhão, o Leão pode agir como um palhaço, mas não há nada de calmo em sua natureza. É só você dizer que ele está sendo tolo e vai ver seu humor mudar mais rápido que o de um canceriano sob a lua cheia. O Leão quer uma platéia, não um crítico.

Ele é arrogante. Na pior das hipóteses, é uma combinação do Gato Félix com um Napoleão anabolizado. Usa óculos escuros à noite e dá em cima de qualquer coisa que ande, engatinhe ou se arraste. Gasta mais dinheiro do que você consegue ganhar. E quando chegar aos 40 vai parecer um rufião velho com sua barriga de cerveja sobrando na calça justa demais.

Dizem que o homem de Leão sempre parece mais alto do que realmente é. Isso porque eles todos usam sapatos com calços ou botas de vaqueiro com salto alto. O baixinho leonino Napoleão Bonaparte inventou os sapatos de salto alto para si próprio, e não para Josefina.

Ele vai dirigir uma caminhonete enorme, na qual você vai precisar de escada para entrar. Quando ele derrapar na entrada da sua garagem, depois de passar por cima da caixa de correio, vai buzinar até você aparecer, e, então, vai abrir a porta do passageiro, para você entrar, com um chute de suas botas de 400 reais e metal no bico. Sempre galante, quando notar que não consegue nem enxergar seus olhos por sobre o estribo da porta, ele, num pulo, vai descer para ajudá-la, cantando alegremente uma musiquinha obscena enquanto fica em pé atrás de você.

Sua vaidade não tem limites. Ele tem uma tatuagem no traseiro e não hesita em baixar a cueca no salão de sinuca para exibi-la. Ele, é claro, pensa que é o maior amante do mundo, o que ele anuncia para todo mundo em alto e bom som. Duas palavras vêm à mente — *freqüente* e *entusiasmado*. A definição dele de preliminares é "Sobe na caminhonete".

Tudo em um homem de Leão é exagerado. O leonino Diamond Jim Brady[21] tinha um enorme apetite não apenas por comida, mas também para esbanjar. Fiel a sua natureza leonina, Diamond Jim foi o maior exibicionista da época. O proprietário de seu restaurante favorito o chamava de "seus melhores 25 clientes". Brady freqüentemente deixava notas de 100 dólares de gorjeta para uma corrida de táxi de 2 dólares, e sua famosa coleção de trinta conjuntos completos de jóias foi estimada na época em mais de um milhão de dólares. Diamond Jim era igualmente extravagante no amor. Ele mandou fazer uma dúzia de bicicletas banhadas a ouro para que ele e Lillian Russel, sua namorada de muitos anos, pudessem andar pelo Central Park no maior estilo. A bicicleta favorita dela tinha guidões cobertos de madrepérola e os raios da roda decorados com rubis e safiras. No verdadeiro estilo de Leão, Diamond Jim tanto era vulgar como magnífico.

---

21. Financista americano notório por seu amor pelos diamantes e estilo de vida extravagante.

Quer o seu Leão seja enfezado, um egoísta dominador ou um peludo gato do mato, a chave para domar um Leão é saber como reagir. Da próxima vez em que ele estiver resmungando, passando sermão ou parado feito um poste na cozinha porque o jantar está cinco minutos atrasado, ignore o chilique, sorria e diga como ele foi gentil em consertar o cortador de grama do vizinho ontem. Ele vai começar a se sentir vaidoso, vai inflar o peito e logo esquecer do castigo que ia dar a você. Então, vai concordar que foi mesmo gentil da parte dele. Foi bom demais, na verdade. E, durante o jantar, ele vai regalar você com a história de seu feito virtuoso. É aquela coisa da atenção, sabe?

Se Você Ama uma — Mulher de Leão

> *Apenas coloque no seu currículo que você trabalhou para Martha Stewart. Isso vale mais que todas as horas extras que eu pudesse pagar a você.*
>
> MARTHA STEWART[22] (3 DE AGOSTO)

Ela é leal, decidida e verdadeira. Seu magnetismo animal é palpável, quer ela esteja usando *jeans* ou um terninho. A mulher de Leão procura um parceiro atencioso, romântico e trabalhador. Ela é sentimental, adora diversão e seu modo de encarar a vida é animadoramente simples. "Todos os caminhos aqui são caminhos da rainha." Essa frase de *As Aventuras de Alice no País das Maravilhas* descreve a personalidade da mulher de Leão quase à perfeição. Lembre-se disso, e há uma boa chance de vocês se darem bem. Se você se recusar a reconhecer sua onipresença, lembre-se desse aviso. Não importa quão calma e charmosa sua leoa pareça na superfície, suas garras metafóricas são tão afiadas quanto as da sua irmã de quatro patas vagando pelas planícies da África.

Ela está mais para altiva do que para Sua Alteza. Essa mulher grava tantos entalhes na sua cabeceira quanto sua contraparte masculina, e é a única mulher do universo que escreve o próprio telefone na porta do próprio armário. Ela adora o espelho, tanto quanto uma libriana, e vive para a luxúria, como uma capricorniana. A diferença é que os espelhos dela são pontiagudos e cobrem as

---

22. Apresentadora de TV americana que foi presa por mentir e usar informações privilegiadas na negociação de ações de sua empresa.

paredes do quarto dela. Enquanto a cabra se veste luxuosamente, mas com sobriedade, a leoa prefere uma roupa do ariano Bob Mackie, falsificada, que ela comprou numa liquidação. Seu lema é "Se você tem, mostre para todo mundo; se não tem, falsifique".

Isso vale também para a cama. Ela pode até brincar de gatinha sexy, mas uma mulher de Leão está mais interessada no poder do que em erotismo. Se você tem boa aparência, dinheiro para torrar, tem poder ou pode apresentá-la a alguém que tenha, ela vai se jogar na sua cama ou no banco de trás do seu carrão, porém apenas o tempo suficiente para testar se você sabe a diferença entre diamantes com corte princesa e com corte amsterdã. Se você disser, de brincadeira, que são cortes de cabelo, pode ir esperando um olhar fuzilante. Se estava falando sério, você provavelmente é de Aquário.

No amor, ela espera receber flores toda semana, que você ligue todo dia e convide para uma escapada romântica ao menos uma vez por mês. A menos que você seja muito rico, é melhor começar a pensar numa segunda hipoteca, de juros baixos, se não quiser perdê-la para um capricorniano de sapatos Gucci. É provável que ela trabalhe, mas vai gastar o próprio salário em diárias de spas, banhos de loja e a mais recente dieta da moda.

A Leoa aprecia o senso de humor. O dela. Ela ri das próprias piadas e, quando está a todo vapor, pode ser tão ruidosa quanto a leonina Lucille Ball. Só que você não vai poder abaixar o volume dela, e ela não vai se calar enquanto não quiser. Aqueles sofisticados comentários inteligentes que ela faz no jantar parecem naturais e instintivos. Na verdade, ela gastou três horas na Internet, à tarde, selecionando e-mails com informações interessantes ou curiosas.

A atriz leonina Mae West é um exemplo clássico do arquétipo da mulher de Leão. O estilo escandaloso e suas contínuas investidas sexuais foram sua marca registrada. Somente um Leão poderia ter a ousadia de escrever, produzir e estrelar uma peça chamada *Sexo* em 1925. Ela ficou famosa por causa de frases como, "Sou uma garota que perdeu a reputação e nunca sentiu falta dela" e "Quando eu sou boa, sou muito boa, mas quando sou má, sou melhor ainda!" Ela era esperta, manhosa e muito à frente de seu tempo.

Fiel à personalidade excessivamente leonina, West abusou da sorte por tempo demais. Aos 85, ela ainda usava o cabelão caindo pelos ombros, embora ele parecesse mais um esfregão molhado do que uma cabeleira sedosa. Usava maquiagem berrante e se jogava nos braços de rapazes malhados com idade para serem seus netos. West tornou-se uma caricatura. A prostituta de coração de ouro virou uma bruxa que se recusava a abrir mão dos refletores.

A sua Leoa não será tão fútil, mas vai exigir muita atenção. Tanto faz se ela é tranqüila e régia ou furtiva e indomada, uma mulher de Leão é dispendiosa de qualquer forma.

Se Você é um — Imprestável de Nascença

Eu nunca amei ninguém como amo a mim mesma.

MAE WEST[23] *(17 DE AGOSTO)*

Onde quer que você vá, chama a atenção. Isso porque normalmente você carrega uma arma. Você disputa com Áries o prêmio do Ser Humano Mais Insolente e cria encrenca na sala de musculação só para mostrar aos outros quem manda.

Você é o primeiro a ajudar os amigos e a família nas horas de necessidade, e é igualmente rápido em divulgar ao mundo o bom coração que você tem, por ter oferecido ajuda. Assume o controle de todas as situações, onde quer que mais de uma pessoa esteja presente. Num elevador, você se posiciona perto da porta e aperta os botões. No supermercado, dá instruções ao garoto de como embalar as compras.

A idéia que você faz de uma boa carreira é qualquer profissão na qual o título seja mais comprido do que o seu cartão de visita. Leão é o signo do professor de primeiro grau, lutador de luta livre na TV, campeão de karaokê e organizador de jogos imbecis. Os nativos de Leão também dão bons cabeleireiros, atores e puxadores de fila de conga.

Você não gosta de solidão. Em vez disso, parte para a festa mais próxima e chega atrasado, como manda a moda, para que possa circular pelo salão dando as mãos e jogando seus beijinhos para seus leais fãs, à medida que se dirige ao centro da ação. Sua natureza é tão teatral que você não agüenta nem sequer o simples pensamento de ser mais um na multidão. Você vai se esticar todo, ou subir nas costas de alguém só para ficar na luz dos refletores.

---

23. Um dos mitos do cinema da década de 30.

Sua casa é seu castelo, onde você reina por intimidação. Passa as tardes dando bronca na família, gritando com o cachorro e batendo o telefone na cara da sua mãe. Seu gênio é como uma labareda solar. Aparece, chamusca as orelhas do coitado que ousar discordar de você e depois se dissipa, tão rápido como surgiu. Já que sua memória é seletiva, você acha que é calmo, sereno e controlado, e ai de quem discordar.

No amor, tem a fineza de um marinheiro voltando de uma viagem de um ano. Você vai para casa com qualquer uma que se ofereça para pagar uma cerveja e diga que seu cabelo é o máximo. No dia seguinte, você aluga os amigos com as histórias de conquistas sexuais que todos sabem ser mentira. O que você não sabe é que, secretamente, o que todo mundo quer é que você seja engolido por um crocodilo.

Sua conta corrente serve como uma câmara de compensação entre seu salário e os credores. Você já abriu falência tantas vezes que foi proibido de usar cartões de crédito até 2052. Seu jogo favorito é Siga o Líder, com você à frente do grupo. Porém, em vez de Capitão Coragem, você está mais para capitão do *Titanic*. Nunca sabe se está indo ou voltando, e invariavelmente leva todo mundo ao desastre.

Na vida real, John Wayne era geminiano. Entretanto, todo papel que ele fazia era puro Leão. Sempre forte, muitas vezes arrogante, seus personagens sempre sabiam exatamente o que queriam e como conseguir. Igual a você.

Você é cheio de vida, sincero e elegante. Sua natureza independente é saciada quando você está lutando por uma causa, ou pelo mais fraco. No entanto, já que seus vícios podem ser tão grandes quanto suas virtudes, você precisa aprender a redirecionar uma parte de sua poderosa energia. Dê atenção aos outros em vez de atraí-la só para você. Procure compreender mais e criticar menos, e nenhum outro signo do Zodíaco será capaz de resistir a você. Enquanto isso, qualquer um que queira lutar com um Leão logo vai descobrir que você ainda é o Rei da Floresta.

Você passa por cima dos signos de Terra sem medo. Uma patada de suas poderosas garras faz o Touro parar em sua investida. Virgem instintivamente presta deferência à sua realeza e, quanto a Capricórnio, você verbalmente o chacoalha pelo cangote peludo, até que ele fique frouxo de medo. Você definitivamente tem um gosto felino pelos frutos do mar e um vislumbre do canino brilhante basta para fazer o Peixe petulante mergulhar em seu esconderijo. Se um Caranguejo rachado põe a cabeça para fora do buraco para tentar morder sua pata, você o come como um saboroso tira-gosto vespertino. E o mal-humorado e peçonhento Escorpião não consegue deter nem sua disposição solar nem seu ego. Os signos do Ar, Gêmeos, Aquário e Libra, simplesmente não podem nem despentear sua juba, não importa o quanto eles tentem bufar e fazer pose. Você e os colegas Áries e Sagitário, signos de Fogo, entendem-se perfeitamente e, portanto, raramente têm conflitos mais sérios.

Sua filosofia é "Muito trabalho e muita diversão". Você crê em viver a vida ao máximo e não vê razão para deixar que alguém diga o contrário. Você é totalmente independente e tem a sorte de sempre estar no lugar certo na hora certa. O resto do mundo que fique juntando cupons de desconto e economizando para os dias ruins. Daqui a muitos anos, quando seus antigos amantes e ex-amigos estiverem vivendo de suas pensões e comendo comida requentada, você generosamente pode usar um pouco daquele dinheiro que ganhou no caça-níqueis em Las Vegas para mandar para eles uma lata de caviar Beluga e uma garrafa de Dom Perignon.

Parente é Serpente — A Família de Leão

Eu não tinha nem mesmo uma televisão quando era nova.

LAURA LEIGHTON[24] *(24 DE JULHO)*

Quer sejam ditadores benevolentes ou regentes absolutistas, os pais de Leão têm leis, regras e toques de recolher. Quanto mais cedo você entender isso, mais fácil será a vida numa casa regida por Leão.

Mamãe não vai tolerar qualquer comportamento que a deixe constrangida em público. A frase "Crianças devem ser vistas e não ouvidas" foi provavelmente cunhada por um pai leonino. Ambos vão gritar quando estiverem zangados, o que é quase sempre. Nenhum deles vai pedir desculpas. Eles adoram dar ordens, portanto é melhor você ir se acostumando.

Seus pais de Leão esperam que você se submeta ao julgamento deles, obedeça sem questionar e leve o lixo para fora com alegria. Eles não vão gostar

---

24. Atriz dos seriados americanos *Melrose Place* e *Barrados no Baile*.

de seus amigos, do seu cabelo ou do carro que você escolher. Você vai ter aulas de tênis, piano, sapateado e um instrutor de ginástica no seu pé desde o primeiro ano. Pais leoninos preparam seus filhos para serem bem-sucedidos, quer eles queiram ou não.

O pequeno Leãozinho é radiante, alegre e brincalhão — desde que tenha a sua atenção exclusiva. E ele vai tê-la, de um jeito ou de outro — seja pela risada que você dá diante de suas travessuras bobas ou pelo seu desespero quando ele esparrama o leite no chão porque você deu um abraço na irmãzinha dele.

Os adolescentes de Leão dirigem rápido demais, ficam nas festas até tarde e geralmente são rebeldes. Não são crianças que se possa deixar tomando conta da casa, quando você sai no fim de semana, a menos que você tenha um seguro de responsabilidade para com terceiros muito alto. Como alunos, são geralmente espertos, mas freqüentemente preguiçosos. Indolentes seria uma palavra melhor porque, assim como sua contraparte da floresta, os jovens leões humanos gostam de dormir tarde e depois andar por aí, sem rumo, farejando a próxima aventura. Comece a domar o seu no dia em que ele ou ela nascer.

Irmãos de Leão são chatos exibicionistas. Quando pequenos, gritam se você os ignora. Já adolescentes, fazem cara feia se você os ignora. Vão dar ordens, competir pelo carinho de seus pais e desaparecer na hora de lavar a louça. Vão pedir que você faça a lição deles porque eles têm um encontro e apostar toda a mesada que conseguem escapar de casa à meia-noite sem acordar mamãe e papai. A aposta é garantida, já receber é outra história.

Como sobreviver numa casa que mais parece um circo? Fácil. Quanto mais cedo você entender que pode conseguir qualquer coisa de seus parentes leoninos com charme, bajulação e um choramingo, mais você se diverte.

Turma do Escritório — Megeras, Alcagüetes e Preguiçosos Crônicos

Há uma certa combinação de anarquia e disciplina na maneira com que trabalho.

ROBERT DE NIRO[25] *(17 DE AGOSTO)*

O Leão é o chefe mais dominador, arrogante e egocentrista do universo. Ele não hesita em usar cada truque do manual, ou da sala de reuniões, para conseguir as coisas a seu modo.

Esse chefe vai pedir que você reescreva o plano de corte de gastos e, depois que você passar a noite acordado fazendo isso, vai dizer ao chefe dele que *ele* ficou acordado a noite toda. Para piorar, o chefe dele vai dar a tarde de folga para que ele possa descansar.

O escritório dele será decorado com estátuas de deuses africanos da fertilidade e um sofá de couro, para aquelas potentes sonecas que ele tira, enquanto você continua sem almoçar. Ao acordar, ele delega tudo o que tem sobre a escrivaninha e vai jogar golfe, já que não tem nada para fazer.

A chefe de Leão o vê como um de seus súditos e, portanto, perde pouco tempo com gracinhas e papo furado. O máximo de conversa que você vai conseguir é ela perguntando se você gosta do novo terninho dela ou do solitário de dez quilates que ela comprou no cartão.

Seus colegas de trabalho leoninos estão tão ocupados tentando ganhar o prêmio de Empregado do Ano que nem vão tentar tirar o seu emprego. Ele ou ela vão regularmente fazer a ronda pela companhia, exatamente como um Leão rondando seu território de caça. As presas que eles estão espreitando são, na ordem, amantes em potencial; o quadro de avisos, para caçar barganhas; e a lanchonete, para um cheeseburger duplo, milk shake de chocolate e fritas. O trabalho deles vai se acumular em uma caixa sob a escrivaninha até que o chefe pergunte da tarefa que era para a semana anterior. Então, sua colega de cubículo leonina vai, simplesmente, mentir que ela se lembra perfeitamente de pedir a você que o fizesse, porque ela estava muito ocupada.

Irrite um Leão recusando-se a se curvar. Seja agradável, mas distante. Permaneça calmo em todas as horas e tente não dar pulos quando um deles esqui-

---

25. Ator norte-americano, protagonista dos filmes *Touro Indomável*, *Cabo do Medo* e muitos outros.

var-se por suas costas. Coma do estoque de salgadinhos que ela mantém na gaveta. Tirar seus brinquedos é outra maneira de fazer com que gritem. Conte que o chefe disse que não quer mais calendários de mulheres nuas ou almofadas espalhafatosas. Isso vai, por certo, fazer com que se mantenham rondando o supervisor, o gerente e o diretor de recursos humanos, se rebelando, gritando e, finalmente, sendo despedidos.

Não Podemos Todos Nos Dar Bem?

Tirando a idéia de se usar um chicote e uma cadeira, como se doma o rei dos animais? Fácil. Com um pouco de bajulação você consegue tudo.

Leões Exibicionistas
O fato de ser regido pelo Sol dá a cada Leão uma queda natural para o drama e um talento instintivo para chamar a atenção. Esse é o signo mais público do Zodíaco. Como tal, os Leões são muito preocupados com a imagem, e a idéia de perder o respeito daqueles que ele admira é impensável. São também naturalmente brincalhões, faladores e gostam de contar piadas. Às vezes eles têm dificuldade para lidar com essa combinação de realeza e grosseria. Especialmente na festa de Natal do escritório. Da próxima vez que sua Leoa ficar um pouquinho alegre demais, ou quiser vestir uma jaqueta de veludo amarelo, corte o mal pela raiz: apele para a dignidade dela.

Para conseguir esse objetivo, primeiro elogie e depois sugira. Por exemplo, diga que o sanduíche de rosbife que ela fez para o almoço estava ótimo. Então lembre-a de que o presidente da firma vai estar na festa e que uma roupa mais discreta seria melhor. Seus olhos são tão expressivos, que tal aquele vestido que combina com eles? E assim por diante... até que ela decida que deve usar o vestido de seda cinza e pérolas combinando, já que é tão importante causar uma boa primeira impressão.

Leões Mandões
Todos os Leões acham que o lar é seu castelo. Não gostam de ter as opiniões questionadas ou de palpites em suas decisões. São cheios de segurança e ficam à vontade no papel de chefes. O problema começa quando eles esquecem que os desejos e opiniões dos outros são tão importantes quanto os deles e tentam usar a força, metem medo ou bancam o chefe de gangue para conseguir o que querem.

Já que tudo o que é selvagem gosta de uma boa e barulhenta briga, preserve-se da laringite apelando para a vaidade e o senso de generosidade do seu Leão. Diga quão sábio, habilidoso e maravilhoso ele, ou ela, é e, quando seu olhinho começar a brilhar, simplesmente peça o que você quer. Os Leões têm um grande coração e adoram fazer caridade. E você vai adorar mais ainda saber como é fácil conseguir as coisas.

Leões Gastadores

As pessoas que planejaram aquelas gôndolas posicionadas próximas ao caixa, próprias para estimular compras por impulso, devem ter pensado na personalidade leonina. Os Leões não são grandes negociadores. Ao ver algo que querem, simplesmente agarram, no calor do momento, e depois freqüentemente se arrependem.

Para evitar o desgosto de ter um tapete de pele de leopardo do tamanho da sala, retratos em veludo de Elvis, rei dos capricórnios, pendurados no quarto, ou uma garagem cheia de mobília toda enfeitada e bugigangas extravagantes, tente acompanhar o seu leonino sempre que ele sair para fazer compras. Na feira de trocas, lembre-o de que, se ele deixar de lado os flamingos de plástico para o jardim, ele poderá comprar o conjunto de discos do virginiano Buddy Holly que você viu na barraca ao lado. Ele vai adorar saber que você estava pensando nele (como sempre) e você vai adorar o fato de não ter de ver a cara dos vizinhos (de novo).

Leões Paqueradores

A lenda de que todos os Leões são auto-indulgentes, egoístas, superficiais e infiéis não pode estar mais longe da verdade. Eles são os maiores paqueradores do universo porque realmente gostam do sexo oposto. Você nunca vai mudar isso, mas você também raramente vai ter de se preocupar com o seu leonino vagabundeando por aí. Leões são caseiros por natureza. Sentem-se seguros em seu próprio meio, onde são amados e respeitados pelo que são. Mantenha o amor vivo com uma agenda social cheia, acaricie-o, mime-o e lembre-se de que um pouco de elogio leva você longe. Em troca, você vai ter um companheiro carinhoso e gentil, que nunca vai esquecer seu aniversário. Assim como seus primos da floresta, os Leões têm companheiras para a vida toda.

Dicas Rápidas para Emergências
♌ Os leoninos precisam de respeito.
♌ Geralmente o rugido deles é mais agudo que suas garras.
♌ Atenção e bajulação mantêm seu Leão ronronando.
♌ Um presente caro é melhor que um monte de quinquilharias.
♌ Corte o barato deles ignorando seus rugidos.

Gatos do Mato
Benito Mussolini
Bruna Lombardi
Carl Jung
Danielle Steel
Elba Ramalho
Fernando Collor
Fidel Castro
Madonna
Monica Lewinsky
Nelson Piquet
Slobodan Milosevic
Yasser Arafat

Capítulo Sete

Virgem
23 de Agosto — 22 de Setembro

O eterno sabe-tudo também precisa de amor

Elemento: Terra. O virginiano é um sólido pedaço de terra que provê tudo o que você precisa de maneira previsível — tão previsível quanto a grama. Corte, regue, corte, regue.

Modalidade: Mutável. O humor de Virgem muda de detalhista a excêntrico e daí para crítico.

Símbolo: A Virgem. Só nos seus sonhos e na cabeça deles.

Regente: Mercúrio, o deus do "Falar as Coisas Tal Como Elas São", quer você queira ouvir ou não.

Atitude Predileta: Se preocupar.

Livro Favorito: *"1001 Passos para a Organização Total"*.

Modelo Exemplar: Felix Unger.[26]

---

26. Personagem de *Um Estranho Casal* (*The Odd Couple*), filme com Walter Matthau no papel de um divorciado minucioso e maníaco por limpeza que divide o apartamento com Jack Lemmon, um divorciado muito bagunceiro e desorganizado.

Emprego dos Sonhos: Organizador de Armários.

Frase Predominante: "Desse jeito não vai funcionar".

Parte do Corpo: Sistema Nervoso. Você pode localizar um virginiano pelas unhas sangrentas e em carne viva.

Aproxime-se com Cuidado

Virgem, o sexto signo do Zodíaco, reside na Casa dos Serviços e da Saúde. A astrologia diplomática descreve Virgem como uma pessoa moderada, prática, que é soberbamente lógica, perspicaz e meticulosa. Uma descrição mais acurada revelaria um meticuloso exagerado, subjetivo, egoísta, que é crítico, santarrão e ordinário.

Virgem é regido por Mercúrio, o mesmo personagem jovial que rege o irritante Gêmeos. No entanto, em Virgem, a natureza travessa e despreocupada de Mercúrio está presa na Terra, onde ela se torna crítica e irritável. Os nativos de Virgem gostariam de ser tão desestruturados quanto seus primos de Gêmeos, mas seus pés estão firmemente plantados no chão. Virgem preocupa-se com ninharias. São compelidos a curar os doentes, salvar os pecadores e corrigir o linguajar de todo mundo. Dão conselhos não solicitados com a autoridade de um professor primário e com o mesmo discernimento.

Os nativos de Virgem são calculistas, não espontâneos. Estão sempre tão ocupados tentando aperfeiçoar os outros que esquecem de suas próprias falhas. De todos os signos, Virgem é o que menos admite seus erros. O fato de terem nascido com o gene do nada-nunca-é-bom-o-suficiente faz com que sejam incapazes de relaxar e aproveitar as surpresas da vida. É melhor você trazer almoço e jantar, se resolver discutir com um virginiano, pois eles nunca admitirão que estão errados. E se você provar, ele, ou ela, dirá: "Ah, eu não percebi isso. Bem, isso muda toda a perspectiva...ora, se ao menos você tivesse explicado isso desde o começo".

Se Você Ama um — Homem de Virgem ·

Não tenho medo de que as pessoas saibam que eu sou um idiota.

TERRY BRADSHAW[27] (2 DE SETEMBRO)

Ele é fiel, atencioso e frio durante uma crise. Um homem de Virgem estará em casa na hora do jantar, vai ajudá-la a conferir o talão de cheques e a criar os filhos. Quer seja sexy como Sean Connery ou bobo como Peter Sellers, ele sempre estará a seu lado. É conscienioso, capaz, próspero e leal. Parece um escoteiro, não? Bem, é isso o que ele é — só que numa versão mais barata.

Viver com um homem de Virgem é como ser empurrada no trânsito quando você não quer atravessar a rua. Nascido com uma atitude superior e um olho para melhorar qualquer coisa, menos seu próprio comportamento, ele é tão incansável em sua busca por falhas quanto um pitbull cravado na perna do carteiro, e tão antipático quanto.

No seu pior dia, ele é um porco chauvinista clássico, que desconsidera aquilo em que não acredita e acredita apenas no que for conveniente para o ponto de vista dele. Ao conversar, ele só sabe desfiar um rosário de críticas sobre cada faceta de sua existência, desde a maneira como você penteia o cabelo até sua habilidade de juntar cupons. E ele não hesitará em insultar sua inteligência, demonstrando como fazer ambas as tarefas.

No melhor dele, tem aquele tipo de previsibilidade que vai deixar você com a doença do sono. Vai esperar o jantar pontualmente às seis, quando vocês trocarão notícias sobre os fatos do dia. Então, ele passará uma hora com as crianças, as quais irão para a cama exatamente às oito. A seguir, ficará uma hora explicando como você deve fazer para melhorar suas habilidades de dona de casa. Finalmente, ele se recolherá ao escritório, onde passará o resto da noite resmungando sobre as contas, ou desenvolvendo um plano para o seu auto-aprimoramento.

O caráter dele é puramente idiossincrático. Todo virginiano tem seu próprio processo mental único e um padrão de fala tão peculiar quanto. Muitos milionários virginianos que saíram do nada são incapazes de murmurar um pronunciamento sensato.

---

27. Famoso quarto-zagueiro do futebol americano profissional de 1970 a 1983, atualmente comentarista esportivo na TV americana.

O legendário produtor de Hollywood Samuel Goldwyn, virginiano, por toda a sua carreira recusou-se a comprometer sua busca pelos maiores talentos, diretores, roteiristas e técnicos. Não dá para discutir com a Perfeição, e o Toque de Goldwyn lançou um parâmetro de excelência que nunca chegou a ser equiparado. Sam também tinha um incomparável talento virginiano para tentar agir com superioridade e acabar como um completo idiota.

Quando sua secretária pediu permissão para destruir arquivos de mais de dez anos, Goldwyn disse, "Certo, mas faça cópias". Também se creditam a ele pérolas tais como "Dê-me alguns anos e farei dessa atriz um sucesso instantâneo"; "Se eu pareço confuso, é porque estou pensando" e "É verdade. Custei muito a tomar uma decisão, mas agora vou dar uma resposta definitiva...talvez".

Se você discutir com um virginiano, ele vai encarar você como se tivesse perdido sua razão, pois não pode acreditar que você tenha ousado discordar dele. Então, vai repetir, palavra por palavra, a conversa, pergunta ou ponto de discussão que a levou a jogar a torradeira na cabeça dele. Breve, você sentirá como se houvesse formigas passeando pelo seu cérebro, e vai se desculpar só para que ele fique quieto.

Console-se por saber que, se estiver determinada a forçar a situação, você pode mandá-lo para a cama com dor de estômago. O fato de ele estar fingindo a doença, e de saber que você sabe, não faz a menor diferença. Um homem de Virgem fingirá qualquer coisa, de uma dor de cabeça a um ataque do coração se se sentir encurralado. Ele evita confrontar uma situação tanto quanto seu oposto, Peixes, mas, enquanto Peixes teme o confronto propriamente dito, Virgem teme enfrentar qualquer coisa desagradável sobre si mesmo. É claro que ele espera que você corra para o lado dele com uma canja e o alimento na boca. Se ele vê que não consegue controlar você com a superioridade dele, vai tentar parecer vulnerável.

Ele pode parecer calmo, frio e controlado por fora, mas, por dentro, é o típico Felix Unger. A metade afetada, certinha e germofóbica de *Um Estranho Casal* é um exemplo clássico do homem de Virgem. Em seus obstinados esforços para salvar o relaxado Oscar de seus modos grosseiros, Felix perde totalmente a noção de seu próprio comportamento desagradável. Seu incessante menosprezo pelo modo de vida de Oscar, junto com sua hipocondria melodramática, é totalmente virginiana.

Se você quer romance e canções de amor, escolha qualquer outro signo (exceto Capricórnio), porque você não vai encontrá-los neste homem. Se você servir o jantar à luz de velas, ele vai reclamar que não consegue ver o que está comendo. Ele fala muito de sexo e não se furta a esticar os olhos até o rostinho bonito mais próximo. No entanto, ele não é realmente afeito à promiscuidade, mesmo do tipo permitido por lei, exceto nas noites de quartas e sábados (a menos que seja época de impostos, quando essa atividade passa para os sábados das 9 às 9:15). Ele é tão metódico que você pode pôr um bolo no forno e ter certeza de que seu despertador vai tocar cinco minutos antes do que o da cozinha.

O homem de Virgem é nervoso, detalhista e tão egoísta quanto uma solteirona guardando seu enxoval. Cenas emotivas o desconcertam e o alarmam, porque ele teme perder o controle. A menos, é claro, que ele planeje perder o controle e, mesmo assim, tentará orquestrar o resultado. Assim como o sr. Spock, muita paixão desenfreada faz o cérebro dele derreter.

Se Você Ama uma — Mulher de Virgem

> *Eu não gosto de pensar em mim como uma neurótica, mas realmente gosto das coisas limpas!*
>
> BARBARA EDEN (23 DE AGOSTO)

A mulher de Virgem é gentil, atenciosa e muito realista. Pode ser calma por fora, mas seus sentimentos são delicados e ela procura um parceiro que seja inteligente, atencioso e afetuoso. Acredita no amor verdadeiro e é judiciosa o suficiente para esperar até que o encontre. Por isso há tantas virginianas solteironas.

A Rainha Elizabeth I, a Rainha Virgem, reinou sozinha como monarca da Inglaterra durante 44 anos. O casamento de uma rainha era extremamente complicado, e Elizabeth não queria um enlace impopular. Ao menos essa é a visão histórica. Fiel à sua virginiana natureza perfeccionista, a Rainha teve pretendentes do mundo inteiro entrando e saindo de sua corte durante 25 anos, e ela eliminou cada um deles pelas mais variadas razões. Ou eram da religião errada ou não eram muito inteligentes ou eram muito pobres ou muito politizados ou poderosos demais. Elizabeth cavou seu próprio destino como solteirona como somente uma mulher de Virgem consegue fazer.

Se conseguir sobreviver à lista de virtudes de sua Virgem (e ela tem uma bem longa), você logo vai descobrir que viver com uma mulher de Virgem é como se alistar permanentemente na Escola da Perfeição Inatingível.

Ela é crítica. Uma mulher de Virgem vai analisar e criticar tudo, do tipo de carro que você costuma comprar ao modo como corta o peru de Ação de Graças. Vai contar quantas ervilhas você come e colocar uma bela pilha de vitaminas ao lado do seu copo de água. Ela também vai esperar que você use o garfo apropriado; um guardanapo amassado jogado no prato que você limpou com pão vai dar nos nervos dela. É uma criatura de hábitos. Se disser a essa mulher que vai chegar às oito, é melhor ser pontual ou chegar cinco minutos antes. Um minuto de atraso é imperdoável.

Para ela, um fim de semana perfeito consiste em chatear a família para limpar os armários ou replantar o jardim, enquanto ela critica cada movimento e depois acaba ficando doente por ter feito tudo de novo. Embora ela se considere organizada e asseada, a casa da virginiana sempre vai parecer como se piratas tivessem acabado de saqueá-la. Isso porque ela está ocupada demais fazendo suas listas de coisas a fazer, para fazer qualquer coisa.

Quando zangada, ela é irritável e inflexível. O melhor a fazer é pedir desculpas, mesmo que você não faça idéia do que a aborreceu. Do contrário, ela vai lhe passar um sermão que vai fazer você preferir que ela o torturasse.

Como um objeto de amor, pense nela como uma fortaleza à qual você está prestes a lançar o cerco. Lance seu primeiro ataque com uma demonstração de poder mental e presenteie-a com alguns livros que exijam raciocínio. A seguir, engraxe os sapatos, compre uma camisa nova e uma colônia refrescante. Limpo é uma palavra sagrada para uma mulher de Virgem e você vai abrir uma fenda na armadura dela com uma aparência imaculada.

Finalmente, quando você estiver batendo à porta do céu de Virgem, seja paciente. Uma mulher de Virgem é cheia de paixão — depois que você conseguir passar pelo penhoar, pela camisola, pelas meias, pelas pomadas e pelos cremes.

Se Você é um — Imprestável de Nascença

Não enlouqueça — vingue-se.

JOSEPH KENNEDY[28] *(6 DE SETEMBRO)*

Você tem uma crença. Todo mundo na vida está abaixo de você. Não há uma só idéia que você não possa aperfeiçoar, ou uma só pessoa que não possa colocar na linha. Você pode até se vangloriar de ser um perfeccionista tão exigente, mas todo mundo o vê mesmo é como um grande chato. Você é muito inteligente, mas não consegue fazer uso prático de seu conhecimento, então acaba espalhando chavões e jogando conversa fora.

Você é do tipo que vê as árvores, mas não vê a floresta. Está tão imerso nas excruciantes minúcias do dia-a-dia que deixa o mundo, e seus sonhos, passarem ao largo. Mas está tudo bem para você, já que lhe dá um motivo para jogar a culpa em alguém, qualquer um que seja, menos em você mesmo.

Seu signo é o do escrivão, do promotor, do mímico, do déspota e de qualquer coisa com *crítico* no título. Os nativos de Virgem dão excelentes burocratas porque adoram deixar as pessoas em pé por horas, numa fila que leva a lugar nenhum.

Você passa a vida passando suas metafóricas pilhas de roupa suja de um lado para o outro de sua psique sem resolver nada. No entanto, isso lhe convém porque lhe dá o que fazer nas noites de sábado, além de pôr em ordem o armário de remédios.

Você é tão preocupado com sua saúde que faz barulho quando anda por causa dos frascos de remédio chacoalhando no bolso ou na bolsa. Sua casa serve de filial de farmácia para a vizinhança e você se delicia em dar o mais recente conselho holístico para cada mal, de furúnculo a prisão de ventre. É o tipo de paciente que pressiona seu médico para dobrar a dose do remédio, só por garantia.

Seu jogo favorito é "Fazer Tempestade em Copo D'Água", e você fica obcecado com coisas que nunca vão acontecer. Perde horas se preocupando se deve ou não tomar o leite que passou um dia do prazo de validade ou se os

---

28. Empresário e embaixador norte-americano.

pneus têm ar suficiente para chegar até sua próxima consulta ao dentista. É o único signo do Zodíaco que espera ansiosamente pela limpeza anual dos dentes. Você tem mais métodos para lidar com a vida do que o Imposto de Renda para pegar sonegadores.

No amor, é romântico como um sargento treinando as tropas. Você quer que seu amante se adapte à sua escala e às suas preferências e rejeita qualquer variação. Depois de, invariavelmente, levar um fora, você chora por cinco minutos e, então, decide que ele, ou ela, não era bom o bastante para você, de qualquer modo, e pega o primeiro bom livro à mão para se consolar. Quando você sente necessidade de companhia, normalmente toma a decisão errada, já que foi tão exigente no passado que, de repente, passa para o lado negativo da sexualidade e agarra a primeira pessoa em que consegue botar suas mãozinhas impecavelmente cuidadas.

Você também tem uma disciplina excepcional e sua força de vontade é tão grande que pode facilmente realizar todos os seus sonhos. Normalmente julgam você mal, por sua atitude perfeccionista. A verdade é que você nunca espera dos outros mais do que o que está preparado para dar. Você é simpático, generoso e tem um legítimo desejo de ajudar as pessoas a fazer o melhor que podem. Mas precisa ter mais paciência e menos presunção de que sua opinião seja sempre correta ou mesmo desejada. Em vez de desperdiçar energia tentando controlar o mundo, aprenda a ouvir primeiro e, então, faça pontaria com algumas poucas e bem escolhidas farpas e não haverá um único signo no universo a quem você não possa sobrepujar.

Quando Leão quer uma guerra, você eloqüentemente prova que sua língua é mais forte que o rugido dele. Sua recusa em gastar energia com as palhaçadas de Áries ou de Sagitário leva ambos os palhaços do Zodíaco à autodestruição. Você consegue congelar os signos da Água, Câncer, Escorpião e Peixes, em seus atoleiros emocionais com uma ou duas bem escolhidas observações sobre a mania que têm de iludir a si mesmos. Gêmeos e Aquário vão logo perceber que o sarcasmo imprudente não é páreo para sua fria autoconfiança. E o auto-indulgente signo de Libra simplesmente não consegue atender às suas exigências. Você e os colegas dos signos da Terra, Touro e Capricórnio, se entendem perfeitamente e, portanto, raramente têm confrontos sérios.

Sua filosofia é "Tudo tem seu lugar e sua hora". Você acredita em princípios de moral e antigos valores familiares. Deixe que os outros corram improvisada e precipitadamente pela vida. Você está ocupado demais realizando aquele sonho impossível, com um passo calculado de cada vez. Daqui a alguns anos, quando seus inimigos estiverem tomando sopinha de bebê com um canudinho, você vai alegremente mandar a cada um deles uma caixa de ervilhas, entrega especial, de sua ilha particular, em algum lugar do Pacífico Sul.

Parente é Serpente — A Família de Virgem

> *Em vez daqueles limpadores irritantes, eu uso soda cáustica. Limpa do mesmo modo. É mais barata. Soda cáustica é baratíssima.*
>
> ED BENGLEY, JR.[29] *(16 DE SETEMBRO)*

Crescer numa casa regida por Virgem é como viver num tipo benigno de acampamento militar. Em vez de ursinhos de pelúcia, seus primeiros brinquedos serão uma calculadora em miniatura com botões de cores chamativas e um cofre de porquinho que faz barulho quando você o "alimenta" com moedas. Antes de aprender a ler o alfabeto, você vai aprender a virtude de guardar níqueis. E assim que você consiga andar até a lavanderia, vai aprender que a limpeza anda lado a lado com a divindade.

Pais de Virgem vão vigiar você como um falcão vigia a presa. E vão mergulhar instantaneamente para corrigir uma palavra ou ação sua. Mamãe vai passar a mão pelo seu quarto todo dia e não ficará satisfeita enquanto não agachar no canto mais escuro do seu armário e escavar uma sujeira para esfregar no seu nariz.

Papai vai desenhar um miniespaço de trabalho no canto do escritório caseiro, onde você pode se divertir aprendendo como jogar no mercado de ações, em vez de jogar videogame. Você vai aprender o valor das ofertas tipo dois por um e como pendurar o papel higiênico de maneira que ele saia de baixo em vez de sair por cima, fazendo o rolo durar mais. Você vai ter livros em vez de bolas e assistir à *Vila Sésamo* em vez de *Scooby-Doo*.

Seu bebê de Virgem, com a idade de 3 anos, já vai ter aprendido a amarrar o sapato, se vestir e terá um vocabulário de fazer frente ao seu. Seu maior

---

29. Ator americano que trabalhou em *O Turista Acidental*, de 1988.

desejo é ajudá-la a limpar a casa. Essa é uma criança, quer seja homem ou mulher, à qual você raramente terá que mandar arrumar o quarto.

Crianças de Virgem sorriem muito, mesmo quando, resolutamente, se recusam a fazer o que você, aos berros, está mandando que façam. Os virginianos nascem ajustados à maneira deles e há pouca coisa, ou nada, que você possa fazer para mudá-los.

Adolescentes, usam suspiros e atitude teatral para manipular você. Ela dirá que gostaria do seu carro emprestado para levar um amigo pobre e deficiente ao cinema, sexta à noite. Parece altruísta, mas, na verdade, o amigo é uma amiga que torceu o pé escalando a janela do quarto para ir encontrar o namorado, e sua filha está pegando ambos a caminho da casa do namorado dela para uma festa.

Os irmãos de Virgem pintam uma larga faixa no centro do quarto que vocês dividem e diz a você para nunca pôr os pés no lado deles. Ficam constantemente amuados por qualquer coisa, da comida da mamãe aos passatempos do papai; vão dar uma de superiores na frente dos seus amigos e gozar deles quando virarem as costas. Vocês quase nunca discutem, no entanto. Na época em que ambos aprenderem a falar, aprenderão também a entrar em sintonia e seguir em frente, fazendo o que lhes agrada.

Então, como ter alguma diversão numa família cheia de perfeccionistas detalhistas? Simples. Já que os membros de sua família de Virgem estão tão profundamente entrincheirados em seus respectivos pontos de vista e detestam qualquer mudança em suas rotinas diárias, você pode alegremente se apresentar como voluntário para aquelas tarefas de última hora. Isso vai dar a você uma chance de respirar ar fresco. Ah, não se esqueça do seu cofrinho. Pode ser que você tenha deixado de colocar moedas nele há muitos anos, mas seus prósperos pais rechearam-no com dinheiro suficiente para pagar seu primeiro ano na faculdade.

Turma do Escritório — Megeras, Alcagüetes e Preguiçosos Crônicos

Se eu não tivesse começado a pintar, teria criado galinhas.

Vovó Moses[30] (7 de Setembro)

O chefe de Virgem tem duas regras básicas: Não cometa erros nem aponte os erros dele. Se conseguir segui-las, você tem uma boa chance de manter seu emprego por um razoável período de tempo. Isso é, se você agüentar trabalhar para um virginiano.

Os chefes de Virgem são perfeccionistas. São tão críticos quanto Touro, fastidiosos como Leão e vão constantemente avaliar sua aparência, seu desempenho e sua popularidade com os colegas, os quais nunca vão estar à altura dos mesquinhos padrões deles. Eles vão sujeitar você a intermináveis sugestões e comentários pontuais planejados para moldar você como o empregado perfeito.

O virginiano num cargo executivo normalmente acha que tem o rei na barriga, o que pode exacerbar sua tendência para controlar o trabalho de todo mundo. O tenente William Bligh, cujas terríveis listas de regras e punições levaram o libriano Fletcher Christian e a tripulação do navio britânico *Bounty* ao motim se encaixa perfeitamente nesse perfil. Os historiadores descreveram Bligh como "um homem insuportável, que se considerava virtuoso e era insensível aos problemas e sentimentos dos outros". Bligh também tinha uma doença desconhecida que o mantinha confinado a seus alojamentos pela maior parte do tempo, tanto no *Bounty* como em viagens posteriores, o que pode ter sido uma típica indigestão nervosa virginiana.

Seu chefe pode não ser tão mau, mas ele vai precisar que você responda adequadamente às perguntas e apague os incêndios do escritório. Ele vai estar ocupado demais lavando as unhas com desinfetante porque, com toda essa responsabilidade, acabou ficando com uma úlcera.

Ele é uma criatura de hábitos, portanto, é de se esperar que almoce todos os dias à mesma hora e tenha agendados tantos compromissos e reuniões regulares quanto possível. Ambos os sexos também não hesitarão em utilizar as táticas mais baixas de chantagem e manipulação para progredir.

---

30. Renomada pintora folclórica americana, que começou a pintar aos 78 anos, depois de deixar os bordados devido à artrite.

O virginiano Lyndon B. Johnson disse uma vez: "Nunca confio em ninguém a menos que o possa ter em meu bolso". Johnson era famoso pela constante pressão que exercia sobre as pessoas de cujo apoio precisava. Uma vez ele descobriu que um colega casado, cujo voto ele precisava para aprovar um projeto de lei, estava tendo um caso. Primeiro ele o chamou, tentando ganhar seu voto. Como isso não funcionou, mandou à esposa do congressista uma dúzia de rosas e convidou o casal para almoçar na Casa Branca. A ameaça velada deu certo e LBJ conseguiu o voto.

Sua chefe de Virgem vai esperar que você mantenha seus lápis apontados e as mensagens dela em ordem cronológica. Ela vai reescrever suas cartas, mandar você arrumar a bagunça na sua mesa e mandá-lo para casa para trocar de roupa se você derramar uma gota de café na manga. Não vai se interessar pelos seus problemas pessoais, embora ela tome a liberdade de contar os dela, com todos os detalhes entediantes.

Os colegas de trabalho de Virgem têm as mesas mais arrumadas do escritório. Isso porque eles passam todo o tempo organizando a papelada em pilhas intocadas e arrumadinhas, ou então ligando para dizer que estão doentes porque têm muito o que fazer.

Se um nativo de Virgem botar os olhos no seu emprego, provavelmente é porque ele, ou ela, acha que você trabalha pouco e ganha muito ou que você tem autoridade para delegar trabalho para o resto da equipe. Ela não hesitará em tentar desacreditá-lo perante os outros colegas ou ostensivamente dizer ao chefe que ela poderia fazer seu trabalho melhor do que você.

Para escapar dessa facada nas costas, simplesmente confronte-a com a evidência de que seus colegas ficarão felizes em corroborar sua história e dizer que, se ela não parar, você vai contar ao chefe onde ela escondeu os valores das últimas duas semanas de vendas que ela não despachou.

Para irritar seu vizinho de mesa virginiano, chegue cedo e arrume a mesa dele. Ponha o grampeador no lugar do telefone e o telefone na mesinha de apoio. Mude a pilha de contas para a esquerda e os envelopes para a direita. Ou, se você quiser ser menos perverso e mais sutil, apenas entorte as listas, escalas, figuras e frases inspirativas que ele pregou na divisória até que estejam ligeiramente fora do centro. Então, sente-se e ouça a risada contida do escritório inteiro enquanto o sr. Virgem perde o resto do dia se organizando.

Não Podemos Todos Nos Dar Bem?

Como é possível dividir o espaço com a criatura mais nojenta da Terra e sobreviver para contar a história? Simples, quando você conhece o esquema dele.

Virginianos Hipercríticos
Não há como contornar, Virgem é o signo do perfeccionista e todos os virginianos são minuciosos. Entretanto, a maior parte de suas críticas é dirigida a eles mesmos. Quando sentem que falharam em viver de acordo com os exigentes padrões pessoais que estabeleceram para si mesmos, eles viram sua visão crítica para o exterior.

    Quando o seu virginiano começar a reclamar, um pouco de compreensão ajuda muito. Os elogios fazem milagres para todas as idades e ambos os sexos, assim como comer na hora certa, deixar a correspondência no local apropriado e ter sua roupa velha favorita limpa e pronta para ele vestir quando chegar em casa. Os virginianos preferem falar de seus problemas, então esteja preparado para ouvir com paciência, enquanto massageia seus pés cansados e suas têmporas latejantes.

Virginianos Hipocondríacos
Parte dos cuidados que se devota a um virginiano e da alimentação dele inclui lidar com ocasionais surtos de indisposição estomacal psicossomática, alergias ou dores de cabeça. Os nativos de Virgem sabem que eles mesmos provocam suas doenças, mas, mesmo assim, não conseguem evitar se sentir mal. Eles também fingem estar doentes para evitar confrontos.

    Para manter o seu virginiano tão saudável e relaxado quanto possível, inclua muitas frutas e vegetais orgânicos frescos, grãos integrais, água filtrada e peixe na rotina alimentar dele. Suplementos vitamínicos podem ajudar, bem como espargir perfume de lavanda no banho e na cama. Sopa feita em casa, dada na colher por você, é certeza de uma cura miraculosa.

Virginianos Apavorados
Todos os virginianos são ligeiramente obsessivos-compulsivos e alguns são realmente patológicos. Eles têm tanta energia de Mercúrio passando pelo cérebro que constantemente avaliam, processam e julgam o que melhorar e o que deixar de lado, a cada minuto. Isso faz com que sejam desligados das coisas

mundanas. Seu crítico interior levanta sua cabeça feia nas horas mais inoportunas, como quando vocês estão a ponto de embarcar em seu vôo para o Havaí e ele acha que esqueceu de desligar o ferro ou de trancar a porta da frente.

Um pouco de tranqüilidade faz muito bem. Diga ao seu virginiano que você tem certeza de que tudo estava em ordem quando vocês saíram e não o deixe adiar suas férias para correr para casa e verificar as portas. Ofereça-se para chamar um vizinho e, se você descobrir que a casa está pegando fogo, esqueça. Você pode receber o seguro quando vocês voltarem.

Virginianos que Precisam de um Impulso Romântico

Os virginianos não são virginais. Nem tampouco assexuados, estúpidos ou sangue de barata. Eles não preferem ler livros a fazer sexo e não colocam, na verdade, tabelas com a escala das relações sexuais atrás da porta do armário. Bem, a maioria não.

Eles são reticentes. Os virginianos de ambos os sexos constroem a confiança lentamente e, sem confiança, você não tem a mínima chance de ganhar o coração deles. Depois que vocês estiverem alegremente estabelecidos numa relação séria, você pode manter o romantismo vivo facilmente.

Primeiro, seja paciente. Segundo, lembre-se de que os virginianos são criaturas de hábitos, então não tente dar uma rapidinha na mesa da cozinha, a menos que você tenha conseguido incorporá-la à lista dos lugares aceitáveis onde seu virginiano vá se entregar. Mantenha-se em forma e com a mente alerta. Os virginianos apreciam o intelecto e não gostam de surpresas. Com um pouco de gentileza, uma abordagem honesta, porém gentil, e um monte de atenção carinhosa, você e seu virginiano vão manter a chama do amor ardendo brilhantemente.

Dicas Rápidas para Emergências

♍ Os virginianos precisam de rotina.
♍ Mantenha-os calmos com comida nutritiva e uma esfregadela nas costas.
♍ Fazer com que coloquem suas frustrações para fora previne o criticismo rabugento.
♍ O planejamento é a chave para conseguir as coisas a seu modo.
♍ Corte o barato deles reorganizando a gaveta de meias.

Virginianos Excêntricos e Críticos

Albert DeSalvo (do filme *O Homem que Odiava as Mulheres*)
Glória Pires
Malu Mader
Michael Jackson
Paulo Coelho
Paulo Maluf
Ronaldinho
Suzana Vieira
Tim Burton
Tônia Carrero

Capítulo Oito

Libra
23 de Setembro — 22 de Outubro

Espelho, espelho meu

Elemento: Ar. O libriano produz um constante zumbido em seus ouvidos. A idéia que Libra faz de uma discussão racional é: eles discutem e você racionalmente escuta. No final, você se sente como se sua cabeça estivesse presa numa colméia de abelhas.

Modalidade: Cardinal. Libra é o chefe dos difamadores, depreciadores e vagabundos.

Símbolo: A Balança. Desequilibrado. Sempre pendendo para o lado do libriano. Balançando para os dois lados.

Regente: Vênus, a deusa dos cirurgiões plásticos e dos tetos espelhados.

Atitude Predileta: Sorrir maliciosamente.

Livro Favorito: *Como se Casar com Você Mesmo*.

Modelo Exemplar: Barbie/Ken.

Emprego dos Sonhos: Advogado do Diabo.

Frase Predominante: "Por outro lado..."

Parte do Corpo: Rins, cheios de pedacinhos dos dentes que eles rangem à noite para compensar por todos aqueles sorrisos falsos durante o dia.

Aproxime-se com Cuidado

O símbolo de Libra, a balança, representa o contínuo ato de equilíbrio da vida. Libra vive na Sétima Casa das Parcerias. A astrologia água-com-açúcar nos diz que os librianos são harmoniosos, imparciais, apaziguadores diplomáticos e que perseguem a verdade, a beleza e o par perfeito. A verdade é que, por baixo daquele sorriso enjoado, vive um hesitante cavador de ouro, autoindulgente, que tem tanta personalidade quanto uma folha.

Libra é regido pela deusa *bad girl*, Vênus. Em Touro, Vênus concede uma natureza gananciosa que almeja bens. Em Libra, ela concede uma infindável fome de perfeição. Os librianos nunca estão satisfeitos, nem com eles mesmos, nem com você. Por ser um dos signos cardinais mandões, os librianos vêem qualquer discordância como uma afronta pessoal. Eles ficam amuados só de você mudar a estação do rádio. A idéia que Libra faz de paz e harmonia é sua total concordância com a filosofia deles no momento.

Divirta-se contando ao seu libriano que o horóscopo dele ou dela discorda do biscoito da sorte que eles acabaram de ler para você. Isso deve levar ambos os sexos a tomar uma aspirina e um banho frio.

Os librianos são subjetivos, não judiciosos. Seu distorcido senso de justiça desvirtua sua capacidade de aceitar qualquer argumento ou opinião que não seja a deles. O fato de ter nascido sem o gene da justiça-é-cega faz com que sejam incapazes de se manter realmente imparciais. Se você discutir com um deles, terá de agüentar uma explosão de raiva. Se provar seu ponto de vista, o vacilante libriano pode até concordar verbalmente. Silenciosamente, porém, ele nunca vai perdoar você por estar certo.

Se Você Ama um — Homem de Libra

Eu posso resistir a tudo...exceto à tentação.

OSCAR WILDE[31] (6 DE OUTUBRO)

Ele é engraçado, carismático e destila charme. Seu senso de estilo é impecável e sua personalidade vivaz e amistosa o coloca no topo da lista de prediletos de qualquer um. Um homem de Libra é um sonhador idealista que acredita na paz mundial e em jogo limpo. Ele vai levar você para o restaurante mais caro da cidade, declarar a adoração dele em frente dos fregueses sorridentes e cair de joelhos para pedir você em casamento. Antes que você exclame "Sim, querido", certifique-se de que ele ainda está olhando para você. Na hora em que colocar a aliança em seu dedo, ele já terá localizado a próxima conquista enquanto se dirige para a festa.

O homem de Libra é perfeitamente capaz de se casar com você num sábado e começar sua próxima seqüência de casos no domingo. Ele é volúvel, inconstante e está sempre à espreita. Esqueça Áries e Gêmeos. Quando se trata de amor, o homem de Libra é tão astuto quanto um vendedor de carros usados farejando o próximo negócio com um otário.

Ele é leviano. Depois de algumas rodadas de sua refinada perícia sexual, você pode começar a pensar num futuro juntos. Entretanto, para ele, *futuro* se define como até amanhã de manhã, quando o mais provável é que ele esqueça seu nome antes de acabar de passar o fio dental em seus dentes esplendidamente brancos.

Ele é superficial. O homem de Libra prefere beleza à substância e espera ser ofuscado pela emoção do amor perfeito. Ah, você ouvirá os sinos dobrarem mas, depois da lua-de-mel, aqueles repiques harmoniosos rapidamente se tornam acordes fúnebres. Ele não quer uma mulher de verdade que mexa com ele e o tire do seu costume escapista de diariamente sonhar acordado, jogando-o em um mundo de contas e crianças chorando. Ele quer uma boneca Barbie para cozinhar, limpar e entreter sua interminável procissão de amigos casuais.

Ele não é de ter raiva. Se você entrar numa briga com ele, vai ter uma discussão morna. Normalmente, ele contorna o assunto, usa evasivas e tenta dis-

---

31. Dramaturgo, escritor e poeta irlandês.

trair você do assunto central com a agilidade de um capricorniano fugindo do pagamento da pensão alimentícia. Em vez de dar vazão à raiva dele, vai levar você a desabafar a sua.

Em seu melhor dia, ele é um estabanado indeciso que se distrai tão facilmente que pode esquecer todos os compromissos e passar o dia no jóquei com um amigo que encontrou no supermercado, enquanto você e as crianças o esperam para jantar. Ou então ele virá da loja de material de construção de mãos vazias, porque não conseguiu decidir que tom de verde comprar para pintar a estufa.

No seu pior dia, ele é o rei dos pilantras. Os anos 70 deveriam ser renomeados como a Década do Homem de Libra. Os enrugados libertinos dessa era ainda têm seus ternos de poliéster azul, correntes de ouro, anéis de dedinho e uma garrafa original de Hai Karate. As versões modernas usam casacos de couro sobre peitos nus e se empertigam como pavões no meio da pista de dança durante o intervalo da banda, esperando que todos os olhares se voltem para ele.

Ele é um mestre do duplo sentido. Lembre-se do pronunciamento do libriano Oliver North, "Eu tive outras informações que eram radicalmente diferentes da verdade. Eu ajudei a aprofundar essa versão". Ollie é o típico libriano. A única coisa em que ele fica horas racionalizando é seu mau comportamento.

Ele também é obcecado por si mesmo. O libriano Timothy Leary usou toda a sua formidável inteligência e magnetismo pessoal para forçar o mundo a concordar que sua infindável busca por um "barato" maior era, na verdade, a chave para admiráveis mundos novos. Quando enfrentou a inevitável oposição, Leary reagiu no típico estilo libriano. Inventou todo um sistema de pensamento para se justificar. Na cabeça dele, o resto do mundo cometeu um terrível erro de julgamento ao não abraçar a sua filosofia. E aquele assunto era mais importante para sua alma libriana que providenciar para que o caminho para Deus fosse polvilhado com LSD e cogumelos mágicos.

O sr. Balança tem uma natureza do tipo toma lá, dá cá. Você dá. Ele toma. Ele vai esperar que você massageie o ego dele, arrulhe enquanto ele se enfeita e ajude-o a escolher a gravata que combina melhor com os olhos dele, enquanto ele se prepara para uma noitada com os amigos. Você, por outro lado, nunca deve deprimi-lo com entediantes detalhes, tais como uma conta bancária estourada ou um vazamento no teto. A decisão é sua se a boa pinta dele conta mais que seu ego.

Se Você Ama uma — Mulher de Libra

Todo mundo deveria ter dinheiro suficiente para fazer cirurgia plástica.

BEVERLY JOHNSON[32] *(13 DE OUTUBRO)*

Ela é a namoradinha do Zodíaco. Perspicaz, solícita, romântica e imparcial, o objetivo principal da adorável libriana é a harmonia e um relacionamento significativo. Ela é quente, sensual e feminina e você vai ter que competir com vários outros pretendentes ardorosos pela delicada mãozinha dela. Se você tiver sorte, outro vai vencer. Se você acha que a madrasta malvada da Branca de Neve era vaidosa, ciumenta e apaixonada pela própria imagem, é porque nunca teve de brigar com uma libriana por um espaço no banheiro.

Juntamente com o sorriso de Vênus, ela herdou da deusa o amor pelo excesso. A mulher de Libra brande seu cartão de crédito como uma arma letal. Que Deus o ajude se tiver chovido nos últimos três dias ou se o gato vomitou uma bola de pêlo no tapete do banheiro. Nada espanta mais a tristeza desta mulher do que uma tarde de compras.

Ela nunca pesa os prós e os contras de nada quando chega a hora de sua próxima limpeza de pele. Não que ela seja burra, é só que um pensamento lógico raramente consegue passar pelo laquê e atingir seu cérebro. Quando ela tiver 60 anos, é muito provável que esteja com silicone do tornozelo até a cabeça. E sua capacidade de tomar decisões se resume a dar três voltas num círculo e cuspir por sobre o ombro esquerdo.

Assim como sua estrutura emocional, seu famoso gosto pela decoração é totalmente desvirtuado. Ou ela vive no estilo monge, sem mobília e um capacho no chão, ou sua casa parecerá um museu, abarrotada do chão até o teto com toda "obra de arte" extravagante que ela possa arrastar para casa. Esse tipo de libriana acha que cada espaço livre na parede é um pecado mortal. No primeiro caso, ela é meio desligada, então acha que menos é mais e nada é melhor ainda. Ambas, entretanto, não hesitarão em dizer a você o que está errado em seu esquema de cores, na escolha da mobília ou naquele vaso Ming na entrada — aquele, que ela acha que veio do supermercado.

---

32. Atriz, modelo, escritora e voluntária.

A superlibriana Emily Post foi a guru de etiqueta nos Estados Unidos durante quarenta anos. Post instruiu a nação com respeito à maneira correta de pôr a mesa, servir e comer uma refeição de nove pratos, escrever uma nota de agradecimento, rejeitar ou aceitar um convite e dar uma festa de casamento ou organizar um funeral. Mas, numa vacilada típica do estilo libriano, Post constantemente revisava sua definição de "boas maneiras" para que se adaptassem à nossa sociedade mutante.

A mulher de Libra requer atenção, é normalmente promíscua e não liga se você anda na lei, fora dela, se é casado ou se está na condicional, desde que você seja bonitinho e saiba dançar.

Na tenra idade de 16 anos, Bonnie Parker decidiu que sua vida era muito monótona e fugiu com um dos malvados de sua cidade natal. Logo depois, seu marido foi preso por furto. Aí apareceu o ariano Clyde Barrow, uma versão mais velha e mais trapaceira do caipira pé-rapado com quem ela havia casado. Bonnie instantaneamente se rendeu a seu charme e atenções — e também instantaneamente esqueceu seu marido preso. O fato de que a polícia de três Estados estava no encalço dele não fez nenhuma diferença; Clyde preenchia seu ideal libriano. Ele se prostrava a seus delicados pés e, quando o dinheiro acabou, roubou outro banco para comprar um vestido novo para ela.

"Nós" é a palavra favorita da libriana. No amor, ela se move rápido como uma hiena faminta atacando um gnu manquitola. Se você oferece uma xícara de café, ela acha que você quer um encontro. Se sair com ela, ela já vai planejar o casamento. Se você se casar com ela, vai ser uma amante meiga e afetuosa, por cerca de uma semana. Então ela apresenta a você sua lista de Regras. Por exemplo, você deve estar sempre pronto a ajudar na casa. Você não deve, sob hipótese alguma, usar a toalha dela ou o banheiro dela. Quanto mais você permanecer por perto dela, maior a lista vai ficando, até finalmente incluir o seu comportamento sexual.

Ela vai continuar grudada em você muito depois de você ter ido embora, mesmo que tenha sido ela a mandar você embora. Não que ela goste de você, ela só quer ter certeza de que você está sofrendo e vai tentar exercitar o poder dela de convocar você num piscar de olhos para uma rapidinha. Se você for tolo o bastante para cair nessa e esperar qualquer sinal de ternura depois, ou, quem sabe, uma reconciliação, esqueça. Na hora em que você estiver vestido e de volta ao seu lugar, a sra. Libra já vai estar na pista da próxima vítima.

Se Você é um — Imprestável de Nascença

Esqueça o que você precisa e pense apenas no que você deseja.

DONNA KARAN[33] (2 DE OUTUBRO)

Seu único propósito na vida é estar com a razão o tempo todo, e você muda de idéia constantemente a fim de se assegurar disso. Tem opiniões fortes, as quais sempre muda, face à desaprovação alheia. Já que você nunca transforma em ação nenhuma de suas intermináveis declarações, seus amigos e sua família rapidamente aprendem que seus conselhos são inúteis e os ignoram, assim como ignoram você.

Seu afamado intelecto é, na verdade, um mero talento inato para conhecer cinqüenta jeitos de dizer "Por outro lado". Esse interminável pigarrear é, na verdade, um mecanismo de fuga projetado para evitar que você tenha que escolher um lado ou entrar em ação. Os librianos fogem das decisões mais rapidamente do que um sagitariano de uma cerimônia de compromisso.

Você odeia jogos vulgares, com gritaria e as sórdidas cenas emocionais, a menos que seja você quem esteja perdendo o controle. Mesmo quando está bravo, você não consegue agir decisivamente. Você fica deliberando sobre todas as atitudes que poderia tomar e se pergunta se deveria ignorar o incidente ou não levar desaforo para casa. Quando finalmente consegue tomar uma decisão, a pessoa com quem você estava bravo já esqueceu que você existe e se mudou para a Bolívia.

Libra é o signo mais social do Zodíaco e tudo é desculpa para uma festa. Isso porque, sem platéia, você fica entediado até cair no sono. Você pode, entretanto, intuir quando alguém precisa de ajuda. Isso é muito conveniente, considerando que lhe dá tempo mais que suficiente para correr para casa e tirar o telefone do gancho para evitar ter que se envolver.

Você é um alpinista social tão competente quanto os arianos ou capricornianos; entretanto, você não tem nem a honestidade de Áries nem a classe de Capricórnio. Porém, já que não tem nem sequer uma centelha de autoconsciên-

---

33. Estilista, dona de grife do mesmo nome.

cia, você alegremente presume que ninguém estranha seu súbito interesse pelo octogenário ganhador da loteria.

Libra é o signo do ator, do agente duplo, do travesti e do acompanhante profissional. Os librianos também dão bons políticos devido à sua capacidade de falar pelos cotovelos.

Você é uma fonte de minúcias inúteis, eternamente analisando seus problemas, como uma vaca ruminando. Você trata as pessoas que ama como projetos e sente um prazer perverso em apontar seus erros e, então, ficar ofendido quando mandam você se danar. Você joga o jogo do "Se ao menos". "Você tem olhos tão lindos. Se ao menos perdesse um pouco de peso, nós poderíamos enxergá-los." "Você é tão bondoso. Se ao menos você tivesse um pouco de bom senso para combinar." E você é tão superficial que fica magoado se alguém deixa de ir à sua festa para fazer uma cirurgia de emergência.

Já que herdou de Vênus aquela perspectiva sexista sobre o amor, você tem casos secretos com pessoas com quem jamais gostaria de ser visto em público. Mas para você está tudo bem, pois é tão vaidoso que acha que uma noite com você vai fazer maravilhas pela vida desses pobres miseráveis. Você anseia por um relacionamento significativo, mas qualquer coisa que não seja obediência cega é suficiente para mandá-lo para a cama com o primeiro que passar à sua frente. Você não quer um parceiro, você quer um clone. Casais librianos idosos são facilmente localizados, pois usam o mesmo corte de cabelo.

No entanto, você também é capaz de perseguir um objetivo com tal determinação que chega às raias da obsessão. Você mantém suas crenças à parte do resto do mundo. Uma vez que aprenda a evitar as pequenas invejas e teatrinhos nos quais você freqüentemente entra, logo vai aprender que nenhum signo vivo pode fazê-lo desistir dos seus sonhos.

Suas opiniões racionais e bem pensadas rapidamente reduzem os emocionalmente subjetivos signos de Água, Câncer, Peixes e Escorpião, a uma balbuciante incoerência. Os signos de Terra, Capricórnio, Touro e Virgem, ficam a ver navios quando tentam despejar seus julgamentos pesados em seus ombros determinados. Áries pode arrotar fogo e vomitar enxofre, entretanto, sua postura infantil é rapidamente exposta e mandada para a cama sem jantar. Os auto-engrandecimentos de Leão e de Sagitário entediam-no a ponto de fazê-lo chorar, e sua racionalidade imparcial os reduz a nada. Você e os signos de Ar, Aquário e Gêmeos, entendem-se perfeitamente e, portanto, raramente têm conflitos sérios.

Sua filosofia é "Coexistência pacífica". Você procura equilíbrio e harmonia e não vê motivo para se entregar à devastação do tempo. Você acredita em viver o momento em vez de planejar um futuro incerto. Deixe que o resto do mundo faça suas exigências e ocupe suas posições. Daqui a muitos anos, quando os viciados em controle que você deixou para trás estiverem mascando purê de batatas no asilo, você estará na Suíça, tomando sua dose anual de placenta de carneiro e se aquietando nos Alpes com seu mais recente amor.

Parente é Serpente — A Família de Libra

> *É muito importante usar a roupa certa para se exercitar. Uma camiseta velha ou abrigo não inspiram ninguém a malhar.*
>
> CHERYL TIEGS[34] (27 DE SETEMBRO)

Viver em um lar libriano é a melhor lição de frustração que uma criança pode ter. Os pais de Libra nunca estão satisfeitos. Seu cabelo sempre vai estar curto ou comprido demais. Seus amigos nunca serão suficientemente bons. E, quando você se apaixonar, não espere aprovação. Essa turma vai reclamar que seu noivo médico trabalha demais ou sua esposa professora não ganha o suficiente.

Vão ficar num constante dilema entre prender você a sete chaves até os 25 anos ou deixar que se mude para uma comunidade assim que entrar na puberdade. Mamãe será obcecada com a aparência dos filhos, pois acha que ela é um reflexo dela. Papai ou vai ficar em cima de você a cada passo ou então nem vai se lembrar de que você ainda mora lá. Nem um nem outro vão dar a mesma resposta duas vezes e ambos vão se meter na sua vida até a morte.

Mesmo as crianças pequenas de Libra têm dificuldade para tomar decisões. Se o seu libriano ficar irritado quando você o estiver ensinando a se vestir, é porque você deu a ele muitas opções de escolha. Escolha a roupa dele, diga em que ordem se vestir e ele, rápida e alegremente, vai dar conta da tarefa. O mesmo vale para brinquedos, sorvetes e desenhos. À medida que seu libriano cresce, ajude-o a tomar pequenas decisões e você o estará preparando para tomar as grandes decisões quando for adulto.

---

34. Supermodelo americana da década de 70.

Seu adolescente de Libra vai desafiar cada regra. A coisa mais sábia a fazer é pensar cuidadosamente antes de ditar uma regra, e então, se ater a ela. Todos os librianos nascem com um faro de advogado para descobrir falhas em um argumento, e a puberdade é a melhor hora para ensinar ao seu que nem tudo está aberto a discussão. Ele ou ela vão levá-la a seu limite, mas, se você for justa tanto em suas expectativas quanto em suas punições, terá poucos problemas sérios.

Os irmãos de Libra se apossam do banheiro, passam horas na frente do espelho e usam seu perfume ou loção após barba sem pedir. Falam ao telefone a noite toda, surpreendentemente apaixonam-se o tempo todo e nunca mudam de idéia. Você aprende, desde muito pequeno, que eles discutem por qualquer coisa, só por diversão, então evite manter contato visual e coloque seu fone de ouvido assim que eles aparecerem.

Sobreviver numa casa de Libra requer paciência, diplomacia e raciocínio. E você é que deve ter essas qualidades, porque nenhum de seus parentes librianos as terá. Você sobreviverá ileso se deixar de lado as pequenas coisas e planejar o que você realmente quer com antecedência. Seus pais de Libra querem o seu bem, mesmo que o levem à loucura com sua indecisão. No entanto, vão concordar em discordar de você quando decidir ir à universidade no Estado vizinho. Mas, uma vez lá, você vai perceber que é o mais bem vestido de todo o campus.

Turma do Escritório — Megeras, Alcagüetes e Preguiçosos Crônicos

> *Se ao menos as pessoas seguissem meus conselhos, não haveria problemas que não pudessem ser resolvidos.*
>
> GORE VIDAL[35] (3 DE OUTUBRO)

O chefe de Libra joga os membros da equipe uns contra os outros só para mantê-los alertas. Vai perguntar a opinião de todo mundo no escritório antes de

---

35. Escritor norte-americano que se notabilizou pela visão única e cáustica da natureza humana e dos EUA, em especial.

anunciar uma decisão que ele já havia tomado de antemão, só para poder culpar alguém se algo der errado. Ele nunca vai dar uma resposta direta. Em vez disso, você só vai conseguir uma resposta vaga, calculada e deliberadamente confusa. Se pedir esclarecimentos, ele dá uma presunçosa palestra sobre a sabedoria de tomar notas.

O executivo libriano também vai dar um monte de conselhos gratuitos sobre a sua vida pessoal, sobre o modo como você arruma sua escrivaninha ou arranja uma companhia na hora do almoço. Ele dirá como você deve se vestir, repara que você ganhou peso ultimamente e, de uma maneira pouco discreta, deixa escapar que desaprova seu critério na hora de escolher amigos.

Um libriano na chefia vai ter a mobília mais cara que o orçamento da companhia permitir. O resto do mundo vai ter mesas de compensado e máquinas de escrever antigas. Seu chefe de Libra vai se considerar tão sábio e diplomático quanto Gandhi, mas suas observações sarcásticas mais parecerão com Groucho Marx. O melhor amigo dele vai ser o responsável pelas despesas, e você raramente vai vê-lo depois do almoço, porque ele se dedica a inspecionar pessoalmente cada estabelecimento de má fama na cidade.

Sua colega de Libra vai estar tão ocupada fofocando ao telefone, escrevendo correspondência pessoal ou agarrando o carteiro para uma rapidinha que nem vai pensar em roubar seu emprego. Entretanto, quando você pega o trabalho que ela deixou parado porque resolveu esticar o almoço até o meio da tarde para levar o cachorro para tomar banho e a avó no cabeleireiro, ela vai achar que você está atrás do emprego dela. Nesse caso, ela decide que vai conseguir que você seja despedido. Assim que ela voltar da manicure. No salão, ela esfria a cabeça e decide que é melhor ela só dizer obrigada. Quando volta e descobre que o chefe pediu para você terminar o relatório anual, ela dá uma risadinha de desprezo e exige falar com o supervisor dela porque se sente ameaçada por suas óbvias tentativas de fazer com que ela seja despedida. Um pouquinho antes de pisar no escritório dele, porém, uma crise estoura e ela decide que não seria justo com ele reclamar de você bem agora. Já que esse cenário não vai mudar enquanto você tiver uma colega de Libra, você não precisa se preocupar muito.

Para aborrecer essa fulana indecisa e irritante, alterne o ar-condicionado do escritório dela de um extremo ao outro toda vez que você entrar lá. Faça o mesmo com a campainha do telefone e com o volume do rádio dela. Cumprimente-a em um dia e ignore-a no dia seguinte. Quando ela estiver totalmente desequilibrada, corra para a mesa dela e diga: "O chefe tem dois projetos que precisam de atenção imediata. Escolha um. Agora!"

Não Podemos Todos Nos Dar Bem?

Sem ter que entrar numa terapia por pura frustração, como você tolera viver com uma gangorra humana? Fácil, uma vez que você se decida.

Librianos Auto-indulgentes

O que os outros vêem como extravagância é, na verdade, o esforço de Libra para criar um espaço que satisfaça sua necessidade de conforto e de tranqüilidade. Infelizmente, o que mais combina com eles são mobílias caras e um monte de acessórios. Quando o seu libriano estiver pensando em uma aquisição daquelas de estourar o orçamento, apele para seu senso de jogo limpo, em vez de cortar seus cartões de crédito. Primeiro, faça-o ver que comprar o sofá de quatro mil dólares que ele ou ela está namorando vai significar comer manteiga de amendoim e geléia pelos próximos doze anos. A seguir, ofereça uma compensação, como uma peça de mobiliário menos cara e uma obra de arte de preço mediano para a parede. Os librianos gostam de negociar, então esteja preparado para gastar as próximas horas, ou semanas, percorrendo a cidade à procura de todo tipo de coisas interessantes. E, fique avisado, enquanto você está tentando economizar, Libra vai estar secretamente torcendo para que um pouco do amor que ele tem pelo luxo contagie você.

Librianos Irresolutos

Todos os librianos nascem com uma natureza altamente mutável. O que os fez rir pela manhã pode irritá-los à tarde. O que adoraram semana passada, hoje desprezam. Também passam grande parte do tempo tentando ser tudo para todo mundo. Isso não é frustrante apenas para você, é confuso também para eles. Os librianos freqüentemente sofrem de depressão e se sentem isolados devido ao fato de enxergarem sua própria necessidade de pesar os prós e contras como uma fraqueza.

Pense em seu símbolo metafórico, a balança. Se você já viu como funciona uma balança de verdade, vai saber que elas nunca estão totalmente imóveis, a menos que estejam completamente desalinhadas. Elas abaixam primeiro um lado e depois o outro. E, dependendo do peso que estejam tentando equilibrar, os mergulhos se tornam mais profundos e o retorno, mais lento.

A estrutura emocional do seu libriano é idêntica. Quando está com o peso de um assunto sério, escute atentamente enquanto expõe a situação. Ofereça, então, uma opinião decidida, mas sem parecer ameaçadora. Isso dará ao libriano o impulso que ele precisa para iluminar aquela faceta da questão, e, então, reexaminar o lado oposto mais racionalmente. Ele não permitirá que você tome as decisões por ele, mas, fazendo o papel do advogado do diabo, você poupa a ele, e a si mesmo, muito tempo e aflição.

Librianos Convencidos

Um libriano que não haja aprendido que a verdadeira beleza vem de dentro não é uma coisa boa de se ver. E até os mais amáveis têm uma tendência a igualar o superficial com a substância. Os nativos de Libra precisam de admiração e atenção. Eles nunca esquecem um cumprimento e vicejam quando se sentem queridos e apreciados. Ao mesmo tempo, podem negar essas mesmas coisas aos outros, distribuindo críticas injustas e julgando as pessoas por sua aparência, trabalho ou casa, em vez de perder tempo em conhecê-las melhor.

Mantenha o seu libriano equilibrado com elogios freqüentes e poucas surpresas. Favoreça seu lado romântico saindo com ele ao menos uma vez por semana. Se exibir seus traços de petulância, inveja e mesquinhez, lembre-o de que parte do motivo pelo qual você o admira tanto é sua habilidade de julgar imparcialmente e tratar todo ser humano com respeito e eqüidade.

Librianos Ilógicos

Librianos de ambos os sexos e de todas as idades têm a irritante peculiaridade de tomar uma decisão perfeitamente sensata e, então, mudar de idéia na última hora e fazer exatamente o oposto. Por exemplo, seu adolescente de Libra pode economizar o ano inteiro para comprar um carro e, depois, torrar até o último centavo em um fim de semana com os amigos na praia.

Essa atitude parece ser totalmente irresponsável e ilógica. Na verdade, embora seu adolescente não tenha pensado muito sobre o assunto, ele considerou a idéia e entende as conseqüências. Um clarão de intuição libriana o impeliu. Ele é jovem, o tempo está perfeito, os amigos que ele tanto preza estão reunidos e, em um nível que ele não pode explicar, ele sabe que ocasiões como essas são raras na vida.

Dicas Rápidas para Emergências
♎ Os librianos precisam de harmonia.
♎ Boas maneiras são a chave para conseguir a atenção dele.
♎ Elogios freqüentes os mantêm sorrindo.
♎ Nunca os force a tomar decisões de improviso.
♎ Corte o barato deles dizendo que o horóscopo não combina com o biscoito da sorte deles.

Amantes e Perdedores de Libra
Bela Lugosi
Charlie Brown
Fernanda Montenegro
Glória Menezes
Jerry Lee Lewis
Lee Harvey Oswald
Mahatma Gandhi
Tarcísio Meira
Vinícius de Morais

Capítulo Nove

Escorpião
23 de Outubro — 21 de Novembro

Que comecem os jogos

Elemento: Água. O Escorpião é um turbulento e interminável paradoxo. Se você cair nesse buraco sem fundo sem uma armadura para protegê-lo, só vai sobrar seu esqueleto.

Modalidade: Fixo. Escorpiões nunca esquecem, perdoam ou deixam para lá.

Símbolo: O escorpião. Assim como seu pequeno e encouraçado homônimo, a versão humana vai se destruir tentando se vingar.

Regentes: Plutão e Marte. Cabeça quente e desconfiado. Traidor compulsivo-obsessivo.

Atitude Predileta: Tramar o próximo movimento.

Livro Favorito: *O Guia Clingon[36] da Misericórdia*.

Modelo Exemplar: O Vingador Mascarado.

---

36. Os *clingons* são uma raça alienígena criada para a série de televisão *Jornada nas Estrelas*. A cultura *clingon* preza a guerra e a honra.

Emprego dos Sonhos: Juiz, jurado e carrasco.

Frase Predominante: "Você me paga".

Parte do Corpo: Órgãos sexuais. Caso terminal de sarna. Freqüentemente esfolado.

Aproxime-se com Cuidado

Escorpião, o oitavo signo do Zodíaco, reside na Casa da Morte, do Sexo e dos Bens das Outras Pessoas. A astrologia convencional descreve Escorpião como uma criatura intensa, misteriosa e sensual, abençoada com o dom da regeneração, como a Fênix emergindo das próprias cinzas. Melhor seria falar no Drácula levantando-se do caixão. Os detestáveis escorpiões são obsessivos e furtivos fanáticos pelo controle do corpo, que massageiam o próprio ego à custa dos outros.

Escorpião tem dois planetas regentes. Marte, deus do conflito e da agressão, confere um caráter desconfiado e primitivo. Aquela superfície amistosa é separada de um fervilhante miasma de emoções por apenas uma camada de pele muito fina. Plutão, o deus dos extremos, instila um incomparável instinto de sobrevivência. Nem estacas de madeira, água benta, nem uma temporada na prisão — nada pode atingir o Escorpião a não ser ele próprio.

O jogo favorito do Escorpião é *Kangaroo Court*.[37] Eles concordam com a versão de justiça dos inquisidores das bruxas de Salém. Se você morrer, é porque era inocente. Se viver, é culpado. Sinta-se livre para ignorar o seu escorpião como faria com um adolescente petulante. Ele ou ela picam os próprios pés por um instante e então se aninham no canto escuro mais próximo e vão dormir.

Os Escorpiões são extremos, não racionais. Vivem a vida dividindo tudo em certo ou errado e raramente se comprometem. O fato de terem nascido com o gene do tudo-ou-nada anula sua capacidade de cultivar relacionamentos duradouros com qualquer um que se recuse a submeter-se a seu controle. Ao discutir com um, você leva tamanha sova verbal que vai preferir ter sido socado. Se você provar seu ponto de vista, eles vão desenvolver uma úlcera tentando acertar as contas.

---

37. "Corte de Cangurus", expressão para designar tribunais primitivos e facciosos, especializados em fazer justiça aos pulos.

Se Você Ama um — Homem de Escorpião

Se eu tivesse um pouco de humildade, seria perfeito.

TED TURNER[38] (19 DE NOVEMBRO)

Quer ele seja alto, moreno e lindo ou baixo, louro e bochechudo, o homem de Escorpião é idealista, passional e leal. Ele vai hipnotizar você com seu olhar cândido e resoluto e capturar seu coração com seu charme magnético. Ele pode ser fofinho como Simbá, o Marujo, ou sexy como Leonardo DiCaprio; pode usar um colarinho branco, azul ou nenhum colarinho, mas aqui está um homem que é impossível de se resistir. Você acha que chegou ao pote do tesouro? Pense de novo, querida. Amar um homem de Escorpião é como se apaixonar pelo King Kong.

Ah, ele é sexy e, por baixo daquele exterior indiferente, é surpreendentemente sensível. Claro, essa notícia pode não adiantar nada quando ele chegar com os papéis do divórcio porque você disse que o melhor amigo dele era um preguiçoso desqualificado. Outros caras podem se sentar e discutir seus sentimentos. O sr. Intenso se senta e faz picadinho de seus sentimentos.

Ele é egoísta. Não importa que você seja casada com ele ou que o relacionamento de vocês seja sério. A idéia que Escorpião faz de comprometimento é aparecer para jantar na maior parte das vezes. O termostato emocional dele está regulado para abaixo de zero e ele não hesita em ser infiel até a morte. Entretanto, ao contrário da crença popular, ele não é fanático por sexo. Essa característica pertence ao seu primo ariano. O escorpião tem horror de desenvolver uma dependência emocional profunda por uma só pessoa e, então, em sua usual maneira retrógrada, ele acaba com tudo precisamente para evitar a intimidade.

O homem de Escorpião tem duas razões para viver. A primeira é o poder. A segunda é o controle. Ele controlaria o destino, se pudesse — e alguns tentam. Normalmente ele será um bom provedor porque sua ânsia pelo poder e controle o levam a se tornar bem-sucedido na profissão que escolher. Mas o dinheiro raramente é sua motivação primordial. O ganho financeiro é apenas um subproduto de se tornar o sr. Grande.

---

38. Bilionário norte-americano fundador da rede CNN.

Seu humor muda mais rápido do que um pisciano apertando o controle remoto e ele vai testar seu amor exigindo a devoção de um fanático num encontro de despertar religioso. É tão ciumento, possessivo e sarcástico que você se sentirá tentada a envenenar seu mingau de aveia. Não há como lidar com um Escorpião. Ou você agüenta ou corre feito uma doida.

Se você intencionalmente despertar o monstro de olhos verdes desse homem, é melhor ter uma pá à mão. Você vai precisar dela, seja para se defender ou para cavar sua própria sepultura. Lembre-se disso antes que você seja tola o suficiente para lançar-se em um caso ou, pior ainda, um relacionamento legalizado.

A pior coisa que você pode fazer a um homem de Escorpião é não reagir às suas táticas de intimidação emocional. Se ele exigir ficar sozinho, aplauda. Restrinja seu sarcasmo com um bocejo. Se ele disser que quer um casamento aberto, diga que você achava que vocês já tinham um. Quando ele anunciar que está saindo sem você, diga que você quer que ele aproveite e sorria como se soubesse de algo que ele não sabe. Ele vai fingir que saiu, estacionar na rua de trás e voltar furtivamente para se esconder entre os arbustos, convencido de que você o está traindo. Ele é obtuso como um taurino quando acha que está certo e vai ficar em pé numa tempestade pela noite toda, enquanto você está aconchegada em frente à lareira.

Ele se comunica por meio de ameaças. A principal é que ele vai deixar você. Ele também mente. A única coisa mais difícil de você se livrar do que um homem de Escorpião é uma mulher de Câncer.

O homem de Escorpião freqüentemente parece que acaba de comer um cacto. Isso porque ele passa metade da vida tentando se vingar de algo real ou imaginário, insignificante, e a outra metade causando seus próprios problemas.

Considere o Escorpião Teddy Roosevelt. Durante umas férias de verão em Harvard, um Roosevelt de 18 anos entreteve vários colegas de Nova York, incluindo Edith Carow, uma garota por quem tinha grande afeição. Infelizmente, Edith, uma leonina, flertou com vários de seus amigos durante as festividades e Teddy reagiu como um típico Escorpião. Casou-se com outra pessoa. Depois que sua primeira esposa morreu, novamente no estilo típico de Escorpião, Teddy procurou por seu primeiro amor. Ficaram casados por 33 anos e tiveram cinco filhos.

O seu vai ser tão reservado que prefere que arranquem suas unhas a falar o que comeu no almoço. Tem um pavor mórbido de que, caso ele ouse contar algum fato sério, você possa tirar vantagem disso. É por isso que ele é tão bom em conversa fiada. Ele pode bater papo por horas sobre cada pequena minúcia do mundo, mas, se você fizer uma pergunta direta, ele vai perder a fala e correr para fora para cortar a grama.

Sua casa será perto da água ou escondida em uma viela sem saída atrás de uma cerca alta. Ele viveria em um lugar que fosse acessível apenas por helicóptero, se isso não estragasse seus encontros de terça à noite com a garçonete do boliche.

Se você pegá-lo no meio dos lençóis errados, ele vai fazer tamanha exibição, chorando, se humilhando e implorando que você pode pensar que ele vai ter um ataque. Não se engane. Ele se dá bem na intensidade e tanto é masoquista quanto manipulador. Ele faria qualquer coisa que fosse preciso no momento para ganhar seu perdão, exceto mudar. O Escorpião é da água e fixo. Ele vive num poço sem fundo de turbulentos excessos emocionais e está tão enredado na tentativa de entender suas próprias emoções que nunca vai entender as suas.

Estar presa no vórtice de seu charme é como se perder no Triângulo das Bermudas. Você pode sobreviver à viagem, ou não.

Se Você Ama uma — Mulher de Escorpião

Estou cansada de todos esses caras fracos, torcendo as mãos.

HILLARY CLINTON[39] *(26 DE OUTUBRO)*

Não há nada de superficial numa mulher de Escorpião. Ela é uma mulher de total confiança e de suprema elegância. Seu estilo é todo clássico e chique, seus modos amistosos, porém reservados. Ela espera que você seja forte, corajoso e ambicioso. Ela tem sexto sentido e pode sentir as mais sutis mudanças em seu humor, e apontar a causa, com a habilidade de um psicanalista experiente.

Essa é a parte boa. O lado ruim é que a sra. Escorpião se graduou na Escola de Terapia de Jack, o Estripador. Ela dá suas opiniões de um modo que arrasa seu ego e destrói seu orgulho de uma só tacada, algo parecido com cortar

---

39. Senadora e mulher do ex-presidente norte-americano Bill Clinton.

seu dedo fora para eliminar a pelinha solta na cutícula. Ela não tem medo de nada, não questiona nada e vai até os confins da Terra por um amigo ou ser amado. Ela poderia ler a Bíblia para o diabo e fazê-lo escutar.

Todas as mulheres de Escorpião instintivamente sabem que o caminho mais curto para o coração de um homem passa pelo estômago. Seu lar pode ser sua câmara de tortura, mas é o santuário dela. Nunca traia essa mulher. Não a ameace ou coloque de alguma maneira a segurança dela em perigo. E, pelo amor de Deus, não a humilhe em público. Há mulheres desprezadas e há mulheres de Escorpião desprezadas, e uma mulher de Escorpião traída é como Lady Macbeth enlouquecida.

Considere a história de Betty Broderick, pesquisada por Joseph Geringer. Broderick contou às autoridades, "Eu comprei o gancho, a linha e a chumbada — grande chumbada! — num programa de TV. Case com o homem de seus sonhos... um bom provedor. Eu via tudo como 'nós'. Dan era 50% meu, mas todos os bens eram 100% dele. Eu percebo agora que ele estava certo quando dizia que nossa batalha continuaria até que um de nós tivesse morrido". Caso você não se lembre, ela é a senhora que matou o ex-marido advogado e sua nova mulher, mais jovem, em 1989, após um divórcio particularmente público e desagradável.

Sua mulher de Escorpião provavelmente não vai chegar a pegar a arma, mas vai fazer com que você queira tomar um porre. Ela é tão astuta politicamente que, num piscar de olhos, pode analisar uma sala cheia de gente e dizer exatamente quem ajudaria você a chegar aonde quer e quem você deve evitar. Na verdade, ela vai manipular tanto você quanto sua carreira com tanta habilidade que você vai achar que chegou sozinho à presidência do conselho de administração. Nem tanto. A mulher de Escorpião anseia pelo poder tanto quanto sua contraparte masculina e, normalmente, tem seus próprios planos secretos. Ela não vai hesitar em ajudá-lo a atingir seus objetivos para que ela possa atingir os dela. É só perguntar ao leonino Bill Clinton.

Ela também é taciturna, congenitamente deprimida e tem uma tendência a ficar olhando o vazio por tanto tempo que você vai achar que ela está catatônica. É tão fechada e manipuladora quanto seus signos irmãos de Água, Peixes e Câncer. Todavia, a sra. Escorpião não hesitaria em abrir caminho para o topo por meio de sua cama, se esse for o único modo. Ela vive para os escândalos e pode ser facilmente encontrada em execuções públicas ou lendo jornais sensacionalistas.

Quanto ao lado romântico, sua sexualidade é sensual e o desejo dela é de se fundir com um homem que seja seu igual. Ela vai tentar fazer de você um capacho e, quando você estiver com a cara na lama, ela vai sapatear nas suas costas com seu sapato vermelho de salto agulha. Com uma mulher de Escorpião, o melhor modo de manter seu amor renovado é dar uma demão de verniz uma vez por mês e mantê-la longe da luz solar direta.

Se Você é um — Imprestável de Nascença

Nunca desista. E nunca, em nenhuma circunstância, enfrente os fatos.

RUTH GORDON[40] *(30 DE OUTUBRO)*

Por que será que sua vida é tão difícil? Porque você ainda está pagando o karma que adquiriu na última rodada, quando você era o torturador-chefe de Torquemada, durante a Inquisição.

Sua natureza exagerada provê extremos de todo tipo. Compulsões e obsessões explodem em sua psique. Um alarmante número de nativos de Escorpião se tornam gênios ou chafurdam nos mais baixos níveis de depravação. Vocês que pertencem ao segundo tipo são pares ideais para os nativos de Peixes.

Seus programas favoritos de TV são as reprises de *Dark Shadows*[41] e você usa um anel de Barnabas Collins no indicador. Você adora apontar aleatoriamente para estranhos insuspeitos e murmurar algo ininteligível. Seu humor varia de irritado a zangado e você freqüentemente espiona, trai ou fica amuado, ruminando. Isso num dia bom. Diferentemente de Touro, que não enxerga as próprias faltas, você tem plena consciência das suas falhas, só que tem orgulho delas. Por exemplo, você adora usar, pendurada numa corrente de ouro, uma miniatura da sua foto de identificação tirada na delegacia. Ser um signo fixo significa que suas emoções e opiniões raramente mudam. Você é delicadamente descrito como "águas tranqüilas que correm no fundo", ou seja, "Quem vê cara não vê coração". Mas você mais parece um caldeirão borbulhante de ácido

---

40. Atriz americana agraciada com o Oscar de Atriz Coadjuvante por *O Bebê de Rosemary*, de Roman Polansky, em 1968; também escreveu roteiros.
41. Novela vespertina de estilo gótico levada ao ar de 1966 a 1971. Barnabas Collins era um membro do clã principal que se tornou vampiro.

sulfúrico. Seu metafórico animal peçonhento sempre está pronto para o ataque e você é conhecido por suas cruéis farpas verbais. Na verdade, a maioria de vocês é composta apenas de chatos intratáveis que fazem pose constantemente, riscando linhas no chão e desafiando os outros a ultrapassá-las.

Você é tão reservado que nem seus parentes sabem o número do seu telefone, já que não consta da lista. Você tem um aviso no arame farpado que cerca sua propriedade que diz que é proibida a entrada de pedintes e vendedores, e qualquer um que tente chegar à sua porta da frente vai precisar de um mapa e uma lanterna para conseguir chegar. Você é tão paranóico que acha que Alcatraz seria um lugar seguro para se viver.

Os nativos de Escorpião têm grandes adesivos que dizem coisas como "Meu filho vende drogas para seu estudante certinho". Vocês são cronicamente concisos, e têm tatuagens no pescoço com as palavras Sangue Ruim, Filho de Sangue Ruim e Mãe de Sangue Ruim.

Você mantém um *scanner* da polícia na mesa da cozinha para rastrear os movimentos de seus amigos — os dois que você tem. Em vez de fotos da família, sua geladeira é coberta de ímãs com propaganda de advogados, terapeutas e fiadores. Dentro dela, uma miscelânea que vai de purê de batatas a barras de cereal. Seus hábitos alimentares se alteram de forma tão aleatória quanto suas emoções, o que faz com que você passe uma semana comendo apenas purê de chuchu e a outra devorando toneladas de chantili.

Escorpião é o signo do promotor, do psicopata, do negociador da Máfia e do cirurgião que sempre corta mais do que precisa. Os nativos de Escorpião também dão bons caçadores, astrólogos e médiuns. Contudo, muito poucos de vocês optam pela última profissão porque se recusam a admitir sua clarividência.

Você segue a visão de sexo do nativo de Escorpião Adam Ant,[42] que disse: "Eu gosto de sexo. Minhas canções são sobre sexo... sexo é a minha vida. Acho que essa é a mais divertida experiência e acho que deveria ser feita no palco". Você faria parte da banda dele, se pudesse.

Você é o mais intenso dos signos. Dizer a você para aprender a se deixar levar pela corrente, ou relaxar, é ridículo. Controle é o seu forte. Aprenda a usá-lo em você mesmo antes de passar com suas emoções blindadas por cima de seus filhos, amigos e amantes e você rapidamente descobrirá que a maioria das

---

42. Nome artístico do inglês Stuart Goddard, vocalista do grupo punk Adam and the Ants, seguiu carreira solo após o término do grupo e admitiu sofrer de transtorno bipolar.

pessoas gosta de conviver com você devido à sua personalidade absolutamente vigorosa.

Quando zangado, você pode acabar com qualquer signo com alarmante facilidade. Os signos da Terra caem como peças de dominó diante de você. O nervoso signo de Virgem não sobrevive a uma única rodada de seu sarcasmo pouco sutil. Capricórnio e Touro podem tentar intimar você, ou berrar, mas viram pó depois de uma de suas sessões de falar-às-claras. Você facilmente leva os signos do Ar, Gêmeos e Aquário, à loucura, com uma raiva frustrada. E você esfrega a primeira lista de sugestões de melhoria que Libra entrega a você bem no nariz dele. Você aniquila a filosofia de botequim de Sagitário com um ou dois de seus brutais fatos da vida. E a angústia infantil de Áries não é páreo para seu ferrão verbal. Você e os outros signos da Água, Câncer e Peixes, entendem-se perfeitamente e, portanto, raramente têm confrontos sérios.

Sua filosofia é "Cuide da sua vida". Você é guiado pelo instinto e dirigido pela paixão. Deixe que o resto do mundo perca tempo com perseguições frívolas e programas de jogos na TV; você está ocupado demais forjando silenciosamente um futuro dourado. Daqui a muitos anos, quando seus ex-amantes e outros estranhos estiverem jogando bocha e lembrando do sexo com um suspiro nostálgico, você pode mandar fotos suas no Caribe, com uma mão apalpando o traseiro de sua namorada de vinte e poucos anos e a outra recebendo o prêmio de O Mais Sexy Cidadão Veterano das Ilhas Caribenhas.

Parente é Serpente — A Família de Escorpião

Fale manso e carregue uma vara bem grande.

THEODORE ROOSEVELT[43] *(27 DE OUTUBRO)*

Viver em uma casa regida por Escorpião é como ser um convidado permanente no programa de baixarias de Jerry Springer. Vamos discutir o gosto do aquariano Jerry Springer pela perversão daqui a alguns capítulos, mas a essência do programa é puro Escorpião.

---

43. Presidente dos Estados Unidos de 1901 a 1909.

Um ninho de Escorpiões contém pelo menos um membro da família que usa drogas, está na cadeia ou é paciente da ala psiquiátrica, bem como vários amigos aflitos e parentes que aparecem a qualquer hora do dia ou da noite, ou ligam para pedir ajuda da última cabine telefônica do deserto de Mojave.

Pais de Escorpião se orgulham de dizer A Verdade. Eles podem insistir para que você arrume um emprego como entregador de jornal para que possa pagar a cama e a comida que tem em casa. O fato de você ter apenas 5 anos é de somenos importância. Pais de Escorpião acreditam que nunca é muito cedo para A Verdade. Eles, por outro lado, estarão ocupados demais gastando dinheiro no mais recente carro de corrida ou lancha para economizar algum para a sua faculdade. Para evitar os cobradores, ou o último cara com quem seu pai brigou, vocês se mudam com freqüência.

A comediante Roseanne Barr, de Escorpião, supostamente disse, "Tenho cinco filhos de três casamentos diferentes. Fui criada num estacionamento de *trailers*, minha irmã e meu irmão são homossexuais, tenho múltiplas personalidades e o *National Enquirer* promoveu um encontro entre mim e a minha filha que eu havia dado para adoção". Para mim, parece uma típica família regida por Plutão/Marte.

Papai ama você, mas fica dividido entre criticar e gritar. É um pai severo, mas também vai estar ao seu lado para o que der e vier. Em outra das dúbias virtudes de Escorpião, papai vai defendê-lo, mesmo que você seja um ladrão de carros ou traficante de drogas, mas nunca vai pensar em encaminhar você para uma sala de aula ou para ajuda profissional.

Mamãe vai alternar entre dar sermões e racionalizar seu mau comportamento com centenas das mais variadas desculpas. Ainda assim, ambos os pais ficarão genuinamente surpresos se você largar a escola para ir explorar petróleo ou se juntar à Máfia.

Como todos os pais dos signos de Água, os escorpiões enxergam defeitos em qualquer um, menos naqueles a quem ama. Mark Twain disse, "Denial, ou seja, negação, não é apenas o nome de um rio no Egito". Ele era de Sagitário, mas essa citação compreende totalmente a atitude de Escorpião quanto à família.

O bebê de Escorpião é quieto e observador. Mas não confunda quieto com submisso. Seu pequeno Escorpião está avaliando as possibilidades e absorvendo toda a dinâmica da família antes mesmo de aprender a falar. Por essa época, se você ainda não estabeleceu quem é o chefe, logo vai descobrir.

Um adolescente de Escorpião vai tentar controlar a casa, quer pela sutil manipulação emocional ou pelo mais absoluto comportamento delinqüente juvenil. E, uma vez fora de controle, pode relaxar e esquecer. Ele ou ela têm seus próprios planos, que você não será capaz sequer de descobrir, quanto menos mudar. A melhor coisa a fazer é começar a moldar a personalidade de sua criança a partir do dia em que nasce, procurando levar para o lado bom da força. Melhor ainda, converse com ela enquanto ainda está na barriga.

Seus irmãos de Escorpião vão ser tão geniosos que você não vai saber o que, ou quem, esperar ao passar pela porta. Em um dia, seu irmão ou irmã é seu chapa e o ajuda a limpar o quarto. No outro, ele ou ela pode roubar um fio do seu cabelo para colocar no boneco de vodu que se parece assustadoramente com você.

Ei, olhe pelo lado bom. Depois de sobreviver numa casa regida por Escorpião, tudo o mais que você venha a encontrar pelo resto da vida vai ser moleza.

Turma do Escritório — Megeras, Alcagüetes e Preguiçosos Crônicos

Não tenho nenhuma obrigação de ser politicamente correta.

DEMI MOORE[44] (11 DE NOVEMBRO)

Trabalhar para um Escorpião é como trabalhar para a Máfia. Ele ou ela normalmente têm um comportamento reservado, falam manso como o Poderoso Chefão e esperam o mesmo tipo de lealdade resoluta. Ambos são perspicazes, compulsivos e trabalham duro. Ambos querem o poder acima do dinheiro e controle mais do que reconhecimento público. Assim como sua contraparte mafiosa, o chefe de Escorpião é agradável, hospitaleiro e bem vestido. Ele também inventou a expressão *Aquisição Hostil*.

O chefe de Escorpião não é do tipo que delega funções. Ela vai jogar um projeto na sua mesa, mas também vai controlar cada passo de sua produção. Seu trabalho é submeter-se ao julgamento dela, dizer "Sim, mestre" freqüentemente e manter a cafeteira ligada a noite toda.

---

44. Atriz norte-americana que estrelou, entre outros, os filmes *Ghost* e *Proposta Indecente*.

Você pode nunca saber qual faculdade esse chefe cursou, ou se é formado, casado, divorciado, homo ou heterossexual. Todavia, você vai se pegar ingenuamente contando tudo sobre seu último caso, seu cachorro, o senhorio e seu passado como dançarina de boate sob o olhar hipnotizador e o sutil interrogatório do Escorpião no comando.

Ter uma colega de Escorpião é como estar na guerra fria com um agente duplo. A única pessoa a quem ela é leal é a ela mesma. Ela pode ser sua melhor amiga, sua companhia no almoço ou fiel assistente, mas, se ela decidir que o próximo lugar que ela vai ocupar na escada corporativa é o degrau no qual você está sentado, você dificilmente vai perceber, até que seja tarde demais, ou quase, para se salvar. Ela está preparada para esperar, conspirar e planejar cada movimento.

O melhor a fazer é ser amistoso, mas ter muita cautela com todo colega de Escorpião. Mesmo aquele que você acha que é o seu melhor amigo. Especialmente se ele ou ela começam a fazer perguntas sutis como que tipo de vinho o chefe bebe.

Irritar os Escorpiões é fácil. Trate-os como eles tratam todo mundo. Seja indiferente, distante e aja com superioridade. Encare-os muito. Quando perceberem que não podem intimidar você, eles vão se entreter atirando elásticos no funcionário que entrega a correspondência.

Não Podemos Todos Nos Dar Bem?

Com Escorpião, você tem que estar disposto a ficar com o pacote todo. Você não vai mudá-los, mas pode sobreviver muito bem se aprender o jogar deles.

Escorpiões A-Vingança-é-Minha
Como todos os signos de Água, Escorpião reage primeiro para só depois pensar. Ou nem isso. Mas o impulso primário de um nativo de Escorpião é atacar, verbal ou fisicamente, e então romper a relação, quer seja profissional, pessoal ou o vizinho que inocentemente comentou que aquelas rosas negras destoavam um pouco do jardim.

Isso porque todos os Escorpiões nascem com um mórbido pavor de rejeição. Eles seguem a filosofia do "Pegue-os antes que eles peguem você". Para complicar a coisa, por ser um signo fixo, suas crenças e opiniões raramente mudam.

Relembre o seu nativo de Escorpião repetidas vezes de que a diferença de opinião não é sinônimo de tentativa de humilhação, repulsa ou desafio. Isso requer coragem e paciência. Cedo ou tarde, ele vai aprender a diferença entre a divergência inócua e a oposição dirigida. Eles podem ainda estremecer ante um ponto de vista contrário, mas terão aprendido a concordar em discordar.

Escorpiões Fanáticos por Controle

A complexa estrutura emocional de um Escorpião faz com que tenham tanto medo de perder o controle de seus sentimentos interiores que precisam controlar todo e qualquer evento externo. Os Escorpiões estão aguçadamente conscientes de sua própria vulnerabilidade e ficam freqüentemente horrorizados com isso, pois encaram essa característica como um tipo de falha de caráter. Podem agir como se não estivessem sujeitos a crises emocionais, o que parece um comportamento cruel e egoísta, mas que é, na verdade, um ato de autopreservação.

Ele parece vigoroso, depois de toda aquela pose de durão. Mas da próxima vez que o seu nativo de Escorpião estiver irritado pelo modo como a louça foi posta na lava-louças, ou quando estiver amuado, olhando fixamente pela janela porque o cachorro teve que passar a noite no veterinário, pegue-o pela mão. Você não precisa dizer nada, e também ele pode falar ou não. Mas ele não vai se afastar e, da próxima vez que estiver magoado, é mais provável que diga o que está errado do que arrume uma briga por causa da conta da lavanderia.

Escorpiões Sensuais

A lenda diz que os Escorpiões são predadores sexuais vorazes que preferem fazer sexo a comer, dormir ou respirar. O fato é que a porcentagem de Escorpiões que trai compulsivamente é provavelmente a mesma da de outros signos. Só que, quando eles dão para ser maus, tendem a ser muito maus. Entretanto, são criaturas sensuais e sexuais e, se não se sentem amados em casa, mesmo os mais bem intencionados são capazes de dar umas voltinhas por aí.

Manter o seu interessado é fácil. Todo Escorpião é surpreendentemente suscetível a elogios. Eles agem com indiferença, mas secretamente anseiam pela atenção. Diga ao seu que ele ou ela é maravilhoso, inteligente e bonito. Surpreenda-o com um presente extravagante. Mantenha as luzes difusas, o CD de jazz tocando e o telefone desligado. Vista algo em preto, cinza ou marrom, banhe-se com uma fragrância com um nome perigoso e você terá a total atenção do sr. ou sra. Escorpião hoje à noite, amanhã e por quanto tempo quiser.

Escorpiões Herméticos
Escorpião é o signo mais reservado do Zodíaco. Eles precisam de um lar estável e seguro, onde possam baixar a guarda, relaxar e se sentir protegidos. Eles detestam companhia inesperada, inclusive parentes e/ou amigos que apareçam sem avisar. Os Escorpiões também são pessoas solitárias que podem, ocasionalmente, se isolar de você também. Isso pode significar passar a noite toda sentado no quintal, olhando as estrelas, ou sentir um desejo repentino de tirar férias separadas.

Entender que seus motivos costumam ser honestos pode ajudar você a dar adeus quando eles forem para a praia sozinhos. Ajudá-los a entender que dois podem partilhar a solidão tão bem quanto um vai fazer com que eles entendam como é bom estar sozinho com você.

Dicas Rápidas para Emergências
♏ Os Escorpiões precisam de amor incondicional.
♏ Paciência é a chave para ganhar sua confiança.
♏ Acalme-os ouvindo-os sem julgar.
♏ Com elogios você consegue tudo.
♏ Corte o barato deles copiando suas ações e/ou ignorando-os.

Escorpiões Sérios e Escorpiões que Levam o Sexo a Sério
Charles Mason
Bram Stoker
Carlos Drummond de Andrade
Graciliano Ramos
Maradona
Pelé
Cláudia Raia

Capítulo Dez

Sagitário
22 de Novembro — 21 de Dezembro

Mais do que você já quis saber sobre qualquer coisa

Elemento: Fogo. Sagitário é um amontoado de brasas. Seu calor latente parece reconfortante, mas, se você tentar se aninhar nos braços dele, logo vai estar procurando outro abrigo para se proteger das faíscas.

Modalidade: Mutável. Tem uma atitude frente à vida muito parecida com a da porta de vai-e-vem — a porta do quarto de dormir, por sinal.

Símbolo: O Arqueiro. Sagitário é o caçador do Zodíaco. Caçador de barganhas e predador sexual.

Regente: Júpiter. Maior que a vida. Brutalmente franco. Cronicamente sem tato.

Atitude Predileta: Abrir a boca antes de usar o cérebro.

Livro Favorito: *O Filósofo Instantâneo*.

Modelo Exemplar: Urkel.[45]

---

45. Steve Urkel, personagem *nerd* vivido pelo ator Jaleel White na série *Family Matters*, que costuma perguntar "Eu fiz isso?" a cada vez que causa um acidente.

Emprego dos Sonhos: Senador encarregado de obstruir os trabalhos legislativos.

Frase Predominante: "Eu fiz isso?"

Parte do Corpo: Região lombar, cronicamente dolorida por receber muitos chutes no traseiro.

Aproxime-se com Cuidado

Sagitário reside na Nona Casa da Filosofia, das Aventuras e das Viagens Longas. Na mitologia astrológica, esse signo mutável de Fogo é descrito como gregário, alguém que aprecia sinceramente a diversão, que nasceu com uma perspectiva filosófica e uma ânsia de viajar pelo mundo. A dura realidade é que esse chato vociferador e sem tato anda pesada e desajeitadamente pelo mundo com um pé enfiado em um balde e o outro alojado em suas mandíbulas superdesenvolvidas.

Júpiter, supremo deus do universo, rege Sagitário e, aqui, esse extraordinário brincalhão concede uma natureza agitada e uma personalidade extravagante. Ambos os sexos acham que sabem tudo e passam seu tempo tentando educar o resto de nós.

Eles não são sutis. Arqueiros têm afrontosas risadas de cavalo, mais ruidosas do que o estrondo dos fogos de ano-novo, e um sorriso de bobo da corte. Se você cutucar por baixo desse sorriso arreganhado de palhaço, vai liberar uma tonelada de fúria reprimida. Toda essa raiva é o motivo pelo qual o sagitariano é o melhor assassino serial do mundo. Assim como um dos raios de Júpiter, a cólera de um Arqueiro tanto é imprevisível quanto termina tão logo estoure pelo ar, ensurdecendo você. Por sorte, seu sagitariano comum não explode com muita freqüência e, em vez de violência, prefere esmurrar a porta e gritar impropérios sobre a sua família, começando pelos seus tataravós.

Os Arqueiros são passionais, não estáveis. Por perseguirem o que quer que os atraia no momento, eles freqüentemente são vítimas de sua própria tendência de ter emoções por meio da vida dos outros. O fato de terem nascido com o gene do a-grama-do-vizinho-é-sempre-mais-verde distorceu sua capacidade de avaliar a estabilidade a longo prazo, em detrimento das sensações passageiras. Argumente e você terá de agüentar um discurso que fará seus ouvidos sangrarem. Se tentar provar seu ponto de vista, será deixado falando sozinho, pois seu centauro já terá pulado a cerca mais próxima em busca de grama fresca.

Se Você Ama um — Homem de Sagitário

> Meu divórcio foi uma completa surpresa para mim. Isso acontece, quando se passa dezoito anos fora de casa.
>
> LEE TREVINO[46] (1º DE DEZEMBRO)

Ele é sincero, digno de confiança e um eterno otimista. Não vai restringir sua liberdade ou esperar que você deixe de sair com suas amigas para ficar em casa com ele. Ele pode ter uma perspectiva desvirtuada da vida, parecida com a de Mark Twain, ou a diplomacia de Winston Churchill. O Arqueiro quer uma parceira para acompanhá-lo em freqüentes e espontâneas saídas para lugares maravilhosamente diversificados porque, para ele, a vida é para ser explorada e aproveitada.

Antes que você decida que ele é sua alma gêmea, entenda que um sagitariano do sexo masculino tem a mesma atitude frente ao compromisso que o seu símbolo mitológico, o centauro. Ele passa toda a juventude e a maior parte de sua vida adulta em um cio contínuo. É um amante perfeito, mas é o ato que ele deseja, e não você.

Você, sem dúvida, apaixonou-se pelo seu sorriso de escoteiro e talento para citar Shakespeare, ao mesmo tempo que abre seu sutiã. Como parceiro, no entanto, ele é um grande amigo, que você não vai ver muito, uma vez que sua idéia de lar é um lugar para ir quando precisa trocar de roupa ou tomar banho. Já que o Arqueiro poderia tranqüilamente viver numa caverna por meses, comendo grilos e contemplando o próprio umbigo, mesmo que se case com ele, você se sentirá como se ainda fosse solteira.

Não espere contar com seu ombro ou pendurar-se em seu braço, mas pode esperar ser sua colega (ou tiete) e passar muitas noites sozinha. Ele não é ciumento nem possessivo. De fato, ele quer que você tenha uma vida independente da dele, já que isso possibilita que ele tenha mais tempo para beber cerveja

---

46. Premiado golfista norte-americano.

com os amigos e seguir o time de futebol favorito pelo país afora. Ele é o único cara do universo que nasceu para ser solteiro. Ele não se importa como você se veste, quem são seus amigos ou onde você passa seu tempo, desde que você não o amole com detalhes. Ele está muito ocupado elucidando sua última teoria para resolver todos os problemas do mundo.

Os Arqueiros têm opiniões sobre qualquer assunto e não conseguem responder nem mesmo à mais simples pergunta com um simples sim ou não. Pergunte se ele quer um sanduíche de presunto e ele responderá com a história do Conde de Sandwich, com os dezesseis tipos de pão que você poderia usar para realçar o sabor da carne e uma dissertação sobre a mostarda.

Michel de Nostradamus, o físico e místico do século XVI, tinha a inconfundível tendência sagitariana de interpretar os mistérios do universo. Em seu típico estilo Arqueiro, as visões do bom doutor eram não apenas extensas, totalizando mais de mil, como também cuidadosamente elaboradas, de modo a dar margem a infinitas interpretações. Isso garantiu que, o que quer que acontecesse, ele tivesse o crédito de ter profetizado o evento. Somente um Arqueiro poderia ser tão audacioso e irresponsável a ponto de prever eventos que só aconteceriam em duzentos anos. E apenas um Arqueiro poderia fazer isso com tamanho talento para a arte de dizer bobagens.

O homem de Sagitário respeita autoridades, desde que a autoridade seja ele. Questione seu direito de reinar e logo você vai entender o significado da ira de Júpiter. Ele tem um péssimo temperamento e suas erupções vulcânicas resultam em custosas visitas à loja de materiais de construção para comprar portas, pregos e gesso.

Ele é impulsivo. Mande-o comprar leite e ele voltará com reservas para o vôo da meia-noite para o Peru. Pode ser até que ele a convide; por outro lado, ele pode dizer que, já que vocês dois sabem que ele se diverte mais quando está sozinho, ele comprou apenas uma passagem. Se ele a levar, você passará metade do tempo arrastando-o para fora dos bares da moda locais, onde ele estará negociando carona com os nativos, e a outra metade correndo atrás dele na floresta, enquanto ele procura pelo sentido da vida. É melhor você ficar em casa, torcendo para que ele seja seqüestrado por pigmeus.

O jogo favorito do Arqueiro é De Mal a Pior. Diga que a pia entupiu e ele vai inundar o porão, porque se esqueceu de fechar o registro antes de abrir o encanamento. Se você pedir para ele trocar uma de suas muitas noites com os rapazes por um tranqüilo jantar em casa, ele vai fazer um discurso inflamado e dizer que você está sufocando sua necessidade de liberdade.

Até mesmo o adorável Arqueiro Walt Disney tinha um lado negro. Lembra-se de todos aqueles ternos contos de fada que ele trouxe à tela? A mãe morta de Bambi e um terrível incêndio na floresta. O órfão Rei Leão atraiçoado pelo próprio tio. Branca de Neve e Cinderela: uma com uma madrasta que queria arrancar seu coração e a outra forçada a se tornar uma serviçal em sua própria casa.

O seu sagitariano vai pisar no seu calo, chateá-la com retórica e magoá-la com observações impensadas. Afinal, ele é um dragão que cospe fogo. Mas esse sujeito está mais para um dragão bonzinho, que não faz mal a ninguém e causa poucos danos duradouros.

Se Você Ama uma — Mulher de Sagitário

> — Como você pode falar se não tem cérebro? — perguntou Dorothy.
> — Eu não sei. Mas algumas pessoas sem cérebro armam um terrível falatório, não é? — respondeu o Espantalho.
>
> O MÁGICO DE OZ

Ela é a Poliana primordial. A mulher de Sagitário é independente, otimista e acredita que a honestidade é a melhor política. Ela não é de ter autocompaixão, e você vai achar sua cordialidade animadora. Ela procura um parceiro letrado e viajado. Imagine um lar feliz, cheio de riso, espontaneidade e uma mulher que o acompanhará até os confins da Terra.

Antes que você implore a essa estrelinha reluzente que faça brilhar sua luz exclusivamente sobre você, por favor entenda que não apenas ela sofre da mesma moléstia de sua contraparte masculina, falar mais do que deve, como todas as sagitarianas estão sujeitas às descobertas acidentais do tipo Além da Imaginação que freqüentemente faz com que estejam na hora certa no lugar errado. Ela pode não aparecer para jantar porque viu um gato preso numa árvore, discou 190 e está tentando convencer o bombeiro a deixá-la subir na escada para resgatá-lo.

Ela também é uma atrasada crônica. Se ela se levantar três horas mais cedo para ficar ao seu lado na hora da cirurgia, vai se atrasar porque resolveu colocar o maço dos últimos seis anos de contas telefônicas em ordem cronológica. Ou, se ela conseguir passar pela porta a tempo, vai perceber que esqueceu que hoje é o dia da gincana do bairro por uma causa qualquer, e então, vai esquecer de você e se distrair com os jogos. Ela também leva muitos tombos, portanto, não fique surpreso se ela estiver mancando, de muletas, quando finalmente chegar ao seu lado.

Seu ódio é como um fogo que queima suas pestanas antes que você possa se atirar no chão e rolar. Se você atiçá-la, logo vai ter que se desviar de objetos voadores diversos e comprar um novo jogo de cristais pela manhã. Ela esfria rapidamente, mas não esquece com facilidade, e provavelmente vai passar os próximos meses contando detalhes da briga para divertir os amigos e a família. Embora ela faça todo mundo morrer de rir, você terá aprendido que a humilhação pública é o modo de ela punir você por ser tão idiota.

Carry Nation, defensora norte-americana do combate ao alcoolismo, exemplifica ambos os lados da natureza regida por Júpiter desta mulher. Antes do tempo em que invadia os bares empunhando uma machadinha, ela era conhecida como Mãe Natureza, devido à sua generosidade. Um de seus colegas disse, "O que quer que ela acredite, ela acredita de todo coração, e nada, a não ser uma força superior, pode impedi-la". Quando ela se uniu ao movimento contra o alcoolismo, sua típica arrogância e impulsividade ao falar emergiram. Sua ira jupiteriana foi tão espetacular que o libriano John L. Sullivan, campeão de boxe, escondeu-se dela quando ela marchou para dentro do seu bar elegante em Nova York. A bombástica fúria de Nation, sua personalidade independente e suas táticas não ortodoxas são totalmente sagitarianas.

A Arqueira pode falar vinte minutos sem parar para respirar. Ela sorri tanto que você vai achar que ela fez plástica com o mesmo charlatão que costurou o Coringa. E sobrecarrega a vida dela com projetos, festas, causas e amigos casuais porque não suporta ficar sozinha.

Ela detesta o trabalho de casa e, na maior parte do tempo, sua casa vai parecer o dia seguinte de um tornado Classe Cinco. Investir em uma empregada vai manter o bolor sob controle no banheiro e garantir que você não perca as crianças no meio da bagunça.

No amor, sua centaura gosta da paixão, mas odeia que você tente sufocá-la. Ela aprecia a liberdade tanto quanto o sagitariano, mas é menos propensa a flertar por aí. No entanto, ela vai ter os mais variados amigos, com os quais ela vai continuar saindo, almoçando e indo ao cinema de vez em quando. Então, se você for um Escorpião ciumento, um Touro possessivo ou um Leão arrogante, você deveria refletir muitas vezes antes de pensar nesta mulher como uma parceira duradoura, pois ela vai esperar que você confie nela e vai se recusar a mudar seu estilo de vida. É extremamente passional, mas prefere aventuras sexuais a cenas emocionais melosas.

Quer ela seja falante como Jane Fonda ou ultrajante como Bette Midler em seu melhor humor, sua Arqueira é a mulher mais independente do mundo.

Se Você é um — Imprestável de Nascença

Primeiro consiga os fatos, e, então, você pode distorcê-los tanto quanto queira.

MARK TWAIN (30 DE NOVEMBRO)

Você não fica satisfeito a menos que tenha uma causa. Tanto faz se é acabar com a fome do mundo ou lutar por mais rosquinhas de coco no café do escritório, desde que você possa desatrelar a força do zelo farisaico de Júpiter.

Você é o signo mais caprichoso do mundo. O fato é que suas freqüentes buscas por pizza e cerveja no meio da noite, vestindo roupa de baixo, fazem com que os policiais tenham um código só para você. Isso apenas enriquece a lista de histórias ultrajantes que você adora repetir eternamente para parentes e familiares chorosos.

Você não é do tipo estável. Seu limiar de tédio é tão baixo que, se alguma coisa em sua vida permanecer igual por mais de cinco minutos, você se sente sufocado e corre para a saída mais próxima. Sua definição de *zona de conforto* é a idéia que o resto do mundo faz de *modo maníaco*. Embora você seja basicamente um solitário, avesso a qualquer tipo de rotina, você tem horror do isolamento. Isso porque sua natureza regida por Júpiter necessita de alguém a quem possa olhar de cima para baixo e dar ordens. Quando é forçado a ficar sozinho, você adere à filosofia sagitariana de Frank Sinatra: "Sou a favor de qualquer coisa que faça a noite passar, seja rezar, tomar tranqüilizantes ou tomar uma garrafa de Jack Daniel's".

Tudo em você é exagerado. *Honestidade* significa dizer coisas como "Para um gordo, até que você não sua muito." E seu senso de aventura é limitado a andar pela escada do porão sem acender a luz. Você mais fala em viajar do que vai realmente a qualquer lugar.

Sagitário também é o signo mais desajeitado que existe. Mais propenso a acidentes do que um ariano em um carro esporte, sua cabeça machucada e seus joelhos esfolados ocorrem simplesmente porque você nunca presta atenção. Você tropeça pela vida como o tolo alter ego do arqueiro Emmett Kelly,[47] quebrando vasos de flores com a cabeça e derrubando a porcelana nos pés descalços enquanto tenta ajudar a lavar os pratos. Mas para você está tudo bem, já que você morreria antes de fazer algo do jeito mais fácil.

Você encara o romance como uma disputa para ver quem consegue mais amantes em menos tempo. Quando você não está flertando desavergonhadamente com um amigo casado, está se comprometendo com três desafortunados amantes ao mesmo tempo, enquanto traça planos de casamento com um quarto. E você é capaz de deixá-los todos em pé, na estação de trem, na chuva, enquanto foge com o leonino de jaqueta dourada que acaba de conhecer na loja de bebidas.

Sagitário é o signo do professor de filosofia, do agente de viagens, do chofer de táxi cigano e do bobo da corte. Os Arqueiros também dão excelentes nômades, vendedores de óleo de cobra e escritores de piadas para a Internet. Seu local ideal de férias é onde você não tenha que tomar banho, fazer a barba ou cortar as unhas do pé.

Ele também é o otimista do universo, que nunca perde o fim do arco-íris de vista. O sagitariano é positivo, energético e cheio de boas intenções. Só precisa aprender a moderar sua propensão a falar antes de pensar e ajustar a sintonia fina de suas excelentes habilidades diplomáticas. Uma vez que você entenda a diferença entre confiar em sua sorte e abusar dela, nada no mundo pode deter você. No campo de batalha, sua mira é exata e suas flechas, velozes.

Nenhum signo de Água pode sobreviver a um de seus improvisados dardos de honestidade sobre a predileção deles pelo sentimentalismo exagerado. Câncer e Peixes caem no choro. Os cáusticos ferrões de Escorpião não conseguem penetrar em seu couro de centauro. Touro, o cultivador da terra, fica amuado com sua observação mordaz com relação à sua natureza intolerante e você reduz o crítico virginiano e o opressivo capricorniano a pó, quando eles tentam criticar seu desenfreado gosto pela aventura. Basta um ataque com uma

---

47. Artista de circo, criador do trágico palhaço Weary Willy, trabalhou em filmes como *O Maior Espetáculo da Terra*, de Cecil B. DeMille, de 1952.

de suas flechas incendiárias da verdade para acabar com o entusiasmo com que os signos de Ar, Libra e Gêmeos, iniciam um combate verbal. O frio aquariano é reduzido a fumaça quando tenta congelar sua alegre espontaneidade. Você e os outros signos de Fogo, Áries e Leão, entendem-se perfeitamente e, portanto, raramente têm confrontos sérios.

Sua filosofia é a do "Quem ri por último ri melhor". Você acredita em perdoar e ser perdoado e raramente leva a vida muito a sério ou toma as coisas como certas. Deixe os outros rangerem os dentes, brigar e gritar. Você vai estar muito ocupado avançando para seu sonho pessoal e aproveitando a viagem, além do mais. Daqui a muitos anos, quando seus inimigos estiverem na casa de repouso, tratando das úlceras, você vai estar distribuindo sua sabedoria em uma série de palestras no *Barco do Amor*, e dando risada — o caminho todo até o banco.

Parente é Serpente — A Família de Sagitário

Adultos são apenas crianças crescidas.

WALT DISNEY (5 DE DEZEMBRO)

Não é fácil viver em uma casa em que reina a honestidade brutal. A tendência sagitariana que os seus pais têm de estender toda discussão até proporções gigantescas e os costumeiros sermões de uma hora sobre assuntos completamente sem importância, como esquecer de tirar o lixo, podem deixar você tão ocupado que não vai ter tempo de fazer a lição de casa.

Uma luz nesse túnel de verbosidade é que pais Arqueiros vão começar a deixar você em casa sozinho assim que você puder entender que não deve usar o forno quando eles não estiverem. Eles sentem que devem isso a si mesmos, já que ficaram presos em casa até que você aprendesse a usar o controle remoto. Além disso, você ficará grato pelo silêncio em que a casa ficará, enquanto eles estiverem fora, participando do encontro de colecionadores de máscaras mortuárias africanas.

Mamãe vai tentar subornar você para que seja uma pessoa honesta e sempre tire boas notas. Jogue direito com ela e pode ser que você esteja dirigindo um carro novo quando estiver no último ano. O passatempo favorito do papai é dar ordens a caminho da porta da rua, quando está saindo para sua jornada anual de avistamento de discos voadores. Ambos despejam ultimatos, os quais eles nunca seguem.

Não há necessidade de manter o quarto na penumbra ou em silêncio para o bebê de Sagitário. Essas crianças dormem durante o final do campeonato e acordam quando a casa está muito quieta. Manter um rádio ligado no quarto deles os ajuda, e a você também, a dormir à noite. Mantenha-os seguros com um capacete, joelheiras e cotoveleiras, pois são extremamente curiosos e ficam entretidos demais investigando tudo para se lembrarem de tomar cuidado.

Esteja preparado para ver seu adolescente Arqueiro cortar as amarras em uma idade bem mais precoce do que a normal. Esses garotos nasceram para andar por aí e aprender com a vida, em vez de estudar. No dia seguinte à formatura, o seu sagitariano pode comunicar que se matriculou numa universidade estrangeira e que o vôo sai à meia-noite. E não se surpreenda se ele ou ela escolherem a carreira religiosa. Crianças regidas por Júpiter são os verdadeiros investigadores do universo.

Irmãos de Sagitário gastam a mesada na segunda-feira e tentam emprestar a sua na terça-feira. Não acredite em sua promessa de pagamento ou cantilena de trocar o débito por trabalho. A intenção é boa, mas eles são tão desmiolados que esquecem a promessa assim que as palavras saem da boca. Eles são bons, entretanto, para ajudar com sua lição de casa e sua zanga com a crônica falta de tato deles ou com sua premeditação raramente durará muito. Eles aprenderam, desde pequenos, exatamente o que dizer ou fazer para você rolar pelo chão de tanto rir.

Sobreviver nesta casa é fácil. Encoraje seus pais a fazer muitas daquelas merecidas viagens e deixá-lo no comando. Mande seu irmão ou irmã para o cinema com a mesada que você trocou pelo trabalho de escola deles. Então sente-se, relaxe e aproveite o silêncio. Ou chame alguns amigos para uma festa. De qualquer modo, você conseguiu.

Turma do Escritório — Megeras, Alcagüetes e Preguiçosos Crônicos

Para ter sucesso na vida, você precisa de duas coisas: ignorância e confiança.

MARK TWAIN[48] *(30 DE NOVEMBRO)*

Se a vida num escritório dirigido por um sagitariano fosse um filme, o nome seria "Os Tiras de Keystone Encontram Frasier Crane".[49] Assim como Frasier, o chefe arqueiro é insensível, indelicado e mais interessado em falar de si mesmo do que em ouvir os outros. Chefes sagitarianos normalmente abraçam mais coisas do que conseguem fazer, pois são arrogantes demais para admitir que estão sobrecarregados e são muito pão-duros para contratar mais funcionários. Isso significa que você vai trabalhar continuamente em velocidade máxima.

Ele vai vestir um terno com colete em um dia e passar o tempo todo em reunião e, no outro, trazer um saco com o equipamento de pesca e dizer para você remarcar os compromissos dele para que possa escapar ao meio-dia. Já que ele acredita em falar sempre a verdade, vai deixar que você minta para o chefe dele sobre a razão por que ele não está na reunião semanal de planejamento.

Sua chefe sagitariana vai passar toda a manhã recontando os detalhes dolorosos da audiência de divórcio que ela teve no dia anterior, voltar do almoço e comunicar que ficou noiva do advogado dela.

Ambos ficarão sinceramente surpresos e horrorizados com a velocidade com que o trabalho se empilha em suas escrivaninhas, mesas de apoio e pelo chão. Você, por outro lado, vai ter a hercúlea tarefa de tentar segurar esses palhaços no escritório por tempo suficiente para chegar ao fundo de suas Caixas de Entrada. Os Arqueiros também são os chefes mais desatentos do universo. Abrem mão de qualquer coisa pela chance de falar, não importa o assunto. Portanto, se for três horas e você estiver cansado de martelar o teclado, pegue seu café, feche a porta ao passar, sente-se e diga, "Sou todo ouvidos".

Colegas de trabalho de Sagitário são negligentes, independentes e difíceis de se achar, especialmente se houver um jogo de pôquer no Almoxarifado. Fa-

---

48. Escritor norte-americano, autor de *As Aventuras de Tom Sawyer*.
49. Keystone Cops são guardas atrapalhados de um filme de Abbot e Costello e Frasier Crane é um psiquiatra atrapalhado da série de TV americana *Frasier*.

lam ao telefone o dia inteiro e então pedem ajuda para terminar o projeto que ficou uma semana sobre a escrivaninha deles.

Ainda que Sagitário seja um signo de fogo, ele ou ela é mais de dar tapinhas do que apunhaladas nas costas. Eles encaram o trabalho, mesmo se for o presidente da companhia, como pouco mais do que um meio de financiar sua próxima viagem para os Andes. É raro que um deles tente usurpar sua posição. Todavia, se esse for o caso, ele ou ela provavelmente deixarão isso escapar uma tarde dessas. Então você dirá "E aí, qual é o seu plano?"

Irrite-os recusando-se a ouvir seu tagarelar constante. Insista em silêncio total, dê-lhes sua pilha de relatórios para digitar, se eles ficarem no telefone por mais de cinco minutos, e desligue os alto-falantes, para que eles não possam ouvir música. O próximo som que você ouvirá vai ser o deles trilhando seu caminho pela porta afora.

Não Podemos Todos Nos Dar Bem?

Como viver sob o mesmo teto que uma pessoa que parece mais apropriada para estar no picadeiro de um circo do que ao seu lado no sofá? Depois que você aprender como atrair a atenção deles, isso fica mais fácil do que tirar pirulito da mão de criança.

Arqueiros Tagarelas
A caricatura do sagitariano é um bobo da corte que não pára, não pensa e só fala bobagens. A pessoa é um tipo amigável, animado e contente. Sagitário é o mais extrovertido dos signos porque eles sinceramente gostam de gente. Mesmo quando exageram no falatório, são praticamente impossíveis de resistir.

Ajude o seu a aprender a ouvir, ou, ao menos, falar em turnos, apelando para o seu senso de justiça. São ávidos para agradar e tentarão com empenho mudar, mas, se o seu sagitariano é um modelo mais antigo, você pode querer manter o despertador da cozinha à mão.

Arqueiros Nômades
Os sagitarianos detestam ser amarrados, restringidos, engaiolados ou confinados de qualquer jeito. O meio mais fácil de começar uma discussão é dizer que ele ou ela não podem ir aonde querem. Eles têm necessidade de sair por aí, quer seja para fazer uma viagem curta de um dia ou para passar um fim de semana fora; isso faz parte de sua natureza básica.

Ainda que sejam aventureiros, não são solitários. Seu Arqueiro adora companhia e vai vibrar se você quiser ir junto. Mantenha à mão uma mochila cheia de água mineral e petiscos nutritivos para aqueles passeios ao lago ou à feira de antigüidades que duram o dia inteiro, e, no armário, uma sacola pronta com o necessário para dormir fora e que você possa agarrar na hora em que estiver sendo empurrada porta afora, em direção à praia.

Arqueiros Divertidos

Tudo em alguém regido por Júpiter é amplo, inclusive aquela personalidade charmosa. Nas festas, eles circulam pela sala rindo, cintilando e flertando desavergonhadamente. No almoço, todos os olhos estarão sobre eles enquanto alegremente divertem seus amigos. São comediantes natos, que têm um humor aguçado e apreciam fazer os outros rirem. O fato de estarem comprometidos com você não vai fazer com que mudem.

Se suspeitar de seus motivos, ou pior, acusá-los diretamente de serem infiéis, você os magoará profundamente. Para acabar com qualquer dúvida, entenda que a grande maioria dos sagitarianos vive de acordo com um sistema de honra pessoal que envergonharia o resto do zodíaco.

Se a agulha do seu mostrador de ciúme apontar para o alto, diga ao seu Arqueiro como você se sente. Isso não vai impedir que ele flerte. Mas, para provar que a ama, ele vai manter você a reboque enquanto circula pelo salão na próxima festa. Essa pode ser uma solução peculiar, mas, convenhamos, tudo em um sagitariano é ligeiramente excêntrico.

Arqueiros sem Tato

Honestidade é uma das maiores virtudes de um sagitariano. Bom julgamento é outra história. Não importa o quanto sejam impróprias as observações de um Arqueiro, normalmente não há nem um pingo de malícia na alma dele ou dela. Isso não ajuda muito quando você acaba de receber um daqueles famosos elogios ambíguos. Contudo, saber que esse é realmente um ponto cego em seu caráter pode impedir você de jogar o ferro na cabeça dele.

Ajude o seu sagitariano a ficar mais consciente chamando a atenção para seus escorregões verbais cada vez que isso ocorrer. Isso é fácil, porque a cada dez minutos acontece um. Já que os Arqueiros são muito rápidos para entender as coisas e detestam magoar alguém, com alguma paciência de sua parte e um pouco de esforço da parte deles, você conseguirá aumentar esse intervalo para cerca de uma hora.

Dicas Rápidas para Emergências
♐ Os sagitarianos precisam de aventura.
♐ Espontaneidade é a chave para ganhar o coração deles.
♐ Mantenha uma sacola com roupas arrumada para aquelas viagens repentinas.
♐ Seja um bom ouvinte.
♐ Corte o barato deles exigindo silêncio total.

Palhaços e Matadores Sagitarianos
Babyface Nelson
Billy the Kid
Boris Karloff
Brad Pitt
Bruce Lee
Emerson Fittipaldi
Mary, Rainha da Escócia
Sílvio Santos
Stálin
Steven Spielberg
Vera Fisher

Capítulo Onze

Capricórnio
22 de Dezembro — 19 de Janeiro

Uma cabra com outro nome

Elemento: Terra. Capricórnio é uma paisagem montanhosa cheia de pedregulhos escorregadios, fendas profundas e rochas salientes, que a Cabra agilmente contorna enquanto faz uma escalada segura. Você, por outro lado, vai ficar preso em um terrível deslizamento se não for forte o bastante para continuar.

Modalidade: Cardinal. Capricórnio é meio miolo-mole.

Símbolo: Animal fabuloso, metade cabra e metade peixe. De bode. Bode velho. Desmancha-prazeres.

Regente: Saturno, o deus das reguadas na cabeça e do dinheiro vivo.

Atitude Predileta: Agir com superioridade.

Livro Favorito: *Os Dez Segredos para Dominar o Mundo*.

Modelo Exemplar: Mr. Freeze.[50]

Emprego dos Sonhos: Consultor financeiro do Sr. Scrooge.[51]

---

50. Vilão dos desenhos e filmes do Batman, que usa pistolas congelantes para vencer os inimigos.
51. Personagem avarento e ganancioso do romance *Um Conto de Natal*, de Charles Dickens.

Frase Predominante: "Ninguém nunca é rico ou magro demais."

Parte do Corpo: Joelhos, permanentemente esfolados de tanto ajoelhar para pôr e tirar o dinheiro do colchão.

Aproxime-se com Cuidado

A Casa da Carreira e do Reconhecimento Público é o lar do décimo signo do Zodíaco, Capricórnio. As descrições astrológicas generosas da Cabra incluem uma pessoa convencional, determinada e resoluta, com bom gosto e estilo. O que você realmente tem é um alpinista social esnobe e dominador, acenando com um *Livro de Regras de Ordem de Robert*[52] em uma mão e um acordo pré-nupcial na outra.

Saturno rege Capricórnio e, aqui, esse vetusto intratável confere uma personalidade dogmática e direta. Os capricornianos não têm vida, têm carreira. Essas criaturas nascem com o mesmo ímpeto monomaníaco da cabra que as simboliza: ser o Rei da Montanha. O rabo de peixe dessa Cabra representa sua natureza emocional "aguada". Não se trata de sentimentalismo, como acontece no signo de Água. É uma tendência estraga-prazeres de reprimir qualquer sentimento que venha à tona. Os capricornianos vêem o sentimentalismo como as lesmas vêem o sal.

O que eles adoram é contar a ladainha de como chegaram por esforço próprio a qualquer posição em que porventura estejam. Claro, o fato de que estavam na sarjeta e agora estão vendendo sanduíche no ponto de ônibus não tem importância. O ápice do sucesso de uma Cabra é totalmente subjetivo.

Capricórnio é sério, e não espontâneo. Por ignorar sua necessidade de satisfação emocional, as Cabras freqüentemente perdem de vista a riqueza intangível da vida, em favor dos seus bens materiais. Por terem nascido com o gene do "mas é só isso?" sentem-se frustrados e deprimidos, já que, depois do sucesso, vem a constatação de que a vida não tem sentido sem o prazer. Tente argumentar, se for capaz. Os capricornianos não gostam de perder e vão persistir até vencer, ou até que você levante as mãos e se renda. Se você provar que ele está errado...pode esperar uma ligação no meio da noite, cheio de novas justificativas.

---

52. *Robert's Rules of Order* é um manual norte-americano de procedimentos parlamentares, publicado pela primeira vez em 1876 e ainda hoje usado.

Se Você Ama um — Homem de Capricórnio

Eu sou viciado em trabalho e, quando não estou trabalhando, estou escondido no meu porão.

HOWARD STERN[53] *(12 DE JANEIRO)*

Ele é forte, confiável e um pouco tímido. Seja rico ou pobre, ele se veste de maneira impecável, age como um cavalheiro e quase sempre tem seu próprio negócio. Um capricorniano vai impressionar você com sua polidez e discrição. Pode lembrar um daqueles caras durões de antigamente, com um coração de ouro, como Humphrey Bogart, e seu filme favorito provavelmente *será A Felicidade não se Compra*. Antes que você chore por esse fato sentimental, compreenda que o herói no qual ele se espelha é o banqueiro malvado do filme, o sr. Potter. Viver com um homem de Capricórnio é como estar atada a uma poltrona estofada de crina de cavalo, sendo forçada a ouvir *Night on Bald Mountain*[54] sem cessar.

No terceiro encontro, ele já terá decidido se quer firmar o compromisso, o que não vai ter nada a ver com o fato de você se sentir ou não do mesmo jeito. Uma vez que tenha fixado seu olharzinho em você, ele pode fazer o mais devotado Touro parecer volúvel.

O capricorniano adora aplausos tanto quanto seu primo leonino. No entanto, enquanto o Leão busca a devoção das pessoas, o Bode vê o aplauso como um estímulo. Não interessa quais métodos ele use para chegar aonde quer; uma vez lá, ele vai agir como se fosse um bom sujeito.

Nos anais do crime norte-americano, nada se compara à sangrenta escalada de Al Capone ao topo como o rei dos comerciantes de bebida ilegal durante a Lei Seca. Com a mesma indiferença, Capone despachava amigos e inimigos, igualmente. Era um modelo capricorniano de crueldade. Mas ele também exibia o desejo Caprino de ser aceito socialmente. Vestia-se mais como um executivo do que como um matador e fazia com que seus comparsas mais próximos também se vestissem assim. Capone ia à ópera, imiscuiu-se na sociedade de Chicago e fez o possível para passar a impressão de ser um *bad boy* bene-

---

53. Radialista americano famoso por chocar sua audiência.
54. *St. John's Night on the Bare Mountain*, obra de Modest Mussorgsky (1839-1881).

volente, que estava apenas tirando vantagem da situação, satisfazendo o relativamente inócuo vício por bebida ilegal de um público que o idolatrava. No típico estilo arrogante de Capricórnio, Capone não apenas desrespeitou a lei, mas desafiou publicamente a polícia a pegá-lo. E, embora isso finalmente tenha acontecido, Scarface Al não foi para a cadeia por contrabando de bebida. Foi preso por sonegar imposto e, reza a lenda, uma vez em Alcatraz, tornou-se o chefe dos detentos.

A atitude básica de seu Bode, de um romantismo sem igual, é que você deveria manter a boca fechada e as pernas abertas. Logo no começo do relacionamento, ele pode esquecer a si mesmo e deixar escapar um "Eu te amo". Mesmo que se case com você, ele provavelmente não vai falar isso de novo. Vai achar que, já que legalizou a situação e permitiu que você largasse seu emprego para que pudesse ficar em casa esperando por ele, isso já é prova suficiente.

Dependendo de suas posses, ou ele vai ter um miniescritório ou uma linha direta com seu agenciador de apostas no quarto e vai controlar as transas de vocês com o mesma perícia que usa nas reuniões da diretoria ou no salão de sinuca. Ele pode ser surpreendentemente passional, caso se sinta suficientemente à vontade para deixar de lado suas inibições. Mas já que ele não é muito chegado a fantasias, massagens sensuais ou uso de drogas, você vai precisar ter a paciência de uma santa e a persistência de uma virginiana. Pode levar meses até que ele tire o pijama e deixe de apertar sua mão antes de pular na cama.

Foi o capricorniano que inventou aquele código moral que impõe padrões de comportamento restritivos e diferentes para as mulheres, especialmente quanto ao sexo. A crença pública do chefe do FBI, J. Edgard Hoover, um capricorniano, era a de ter uma escuta em cada quarto e uma regra para cada ação. O fato de Hoover publicamente rejeitar qualquer comportamento que estivesse um milímetro à esquerda do fascismo e, na intimidade, usar roupa de mulher, é um exemplo clássico do código de conduta do capricorniano. Isso se aplica a todos, menos a ele mesmo.

Ele é condescendente e ignora totalmente qualquer sentimento que não seja o seu próprio. Ele se vê como o Grande Benfeitor e espera controlar seu talão de cheques, sua agenda social e a rotina caseira. É tão econômico que vai inspecionar a pasta de dentes antes de você jogar fora e fazer viagens semanais ao centro de reciclagem em vez de usar o lixo seletivo do prédio onde mora.

A menos que seja um cozinheiro ou um mecânico de automóveis, ele não vai fazer compras ou sujar as mãos trocando o óleo do carro. Mas vai ditar a lista do supermercado e dar permissão para que você ligue para a oficina mecânica que ele recomendar. Ele não quer uma parceira que pense. Quer alguém que goste de ficar de braços dados com ele. Se você é de Libra, ele é provavelmente seu par ideal. Se você for do tipo independente, esteja preparada para uma violenta disputa de poder que faria um Escorpião parecer um completo amador.

Seu lema é "Faça o que eu digo, não faça o que eu faço". Ele tem o irritante costume de tentar fazer você se sentir como um cachorro que ele acaba de salvar da carrocinha e espera que, em troca, você tenha a mesma lealdade e devoção cega. Se você conseguir entrar em seu esconderijo e ferir seu ego, ele se fechará em um quarto escuro e ficará amuado. Aproveite a folga para tirar uma soneca.

Se Você Ama uma — Mulher de Capricórnio

Ainda bem que nasci mulher, ou eu seria uma drag queen.

DOLLY PARTON[55] *(19 DE JANEIRO)*

Toda mulher de Capricórnio já nasce com elegância e senso de estilo. Quer ela tenha uma personalidade extrovertida como Dolly Parton ou fria e reservada como Ava Gardner, seu caráter básico é prático e sensato. Ela procura um companheiro que seja forte e ambicioso e que planeje o futuro. Já que ela aprecia as boas coisas da vida, planeje levá-la ao melhor restaurante. Ah, e não se esqueça de levar com você sua carteira de ações e uma cópia de sua árvore genealógica, porque, se uma das duas coisas não impressioná-la, ela nunca vai considerar você um pretendente sério.

A leonina pode ser a rainha, mas a dama de Capricórnio é pura diva. Pode ser tão emotiva quanto uma canceriana em uma festa em homenagem a ela ou tão agressiva quanto uma ariana em sua disputa pelo poder. Ela é tão ligada em *status* que não planeja suas férias enquanto não checar com o agente de viagens qual é o lugar que está mais na moda. Ela pagaria uma pequena fortuna

---

55. Cantora de música *country* norte-americana.

por um penteado que detesta, se esse fosse o estilo mais recente do cabeleireiro mais famoso da cidade.

Em público, a capricorniana é um modelo de comportamento, porque está sempre à procura de alguém rico e famoso para bajular. Em casa, você vai comer na cozinha e ver TV no quarto, porque ela vai ter medo que você manche a toalha ou amasse o tecido do sofá. Passa uma boa parte do dia andando pela casa, jogando beijinhos para todos os objetos de que ela gosta tanto.

Ela é pretensiosa. Mesmo que tenha sido criada embaixo da ponte ou num bairro do subúrbio, antes que ela aceite conhecer seus amigos, vai querer se informar acerca da posição social deles. Ela vai olhar com desprezo aquele que estiver contente em ter um posto de gasolina em vez de uma rede de postos, e vai bajular o que foi preso por fraudar a contabilidade e acabou de sair da condicional. Para ela, o primeiro não passa de um preguiçoso e o segundo é um sujeito inspirado.

Até as prostitutas de Capricórnio são esnobes. A madame Sidney Biddle Barrows, do Hotel Mayflower, e a madame Heidi Fleiss, de Hollywood, que monopolizaram o mercado de bordéis de alta classe, eram muito seletivas com sua clientela. E também tinham muita consciência da posição social de seu público. Quando lhe perguntaram sobre sua prisão, Briddle disse a um repórter, "Nunca diga ao telefone algo que sua mãe não pudesse ouvir em seu julgamento". Quando Fleiss recebeu liberdade condicional, foi direto para o cirurgião plástico. "Fiz um monte de coisas", ela disse. "Lábios, orelhas, olhos, peitos. Estar na prisão sem poder cuidar da pele realmente acaba com você."

A sua capricorniana provavelmente não vai ser tão ambiciosa, mas ela com certeza vai ter uma tendência a enfeitar os fatos, se a conversa com as amigas, no chá da tarde, passar para as histórias de família. Sua tia Leontina, que é a campeã do campeonato de entornar copos da sua cidade, uma "bebum" de primeira, pode virar uma venerável cantora de igreja, na versão da sua capricorniana.

A madame Cabra é tão mal-humorada quanto sua contraparte masculina e vai ficar deprimida por dias por qualquer incômodo repentino. Seu senso de humor é lastimável e a única coisa que a faz sorrir é ver as moedas caindo do cofrinho, quando ela o esvazia para comprar outro título do governo.

Na vida amorosa, ela pode ser uma puritana ou uma devassa, mas não costuma ser do tipo que faz acrobacias sexuais. Todavia, não confunda séria com assexuada. A megaestrela capricorniana Marlene Dietrich era conhecida como "pirata do amor" pela chocante facilidade com que roubava maridos e amantes de suas colegas.

Ela espera ser possuída, cortejada e estimulada, o que pode se tornar um pouco cansativo após cinco ou seis anos. Jogar um anel de brilhante no meio dos lençóis é um modo infalível de fazer com que ela mergulhe na cama. Ou, se você não for rico, use uma barrinha de cereais. As mulheres de Capricórnio adoram presentes e estão sempre de regime.

Quer a sua seja a alegria da festa ou a clássica mulher-por-trás-do-homem, manter as aparências e a segurança a longo prazo significam mais para uma capricorniana do que seu corpo quente na cama, ao lado dela.

Se Você é um — Imprestável de Nascença

Faça bronzeamento artificial para parecer que você acaba de chegar de algum lugar bem caro.

ARISTÓTELES ONASSIS[56] (15 DE JANEIRO)

Foi você quem inventou a frase "politicamente correto". Quer que acreditem que você é um ímã que atrai o sucesso — honrado, chique e inteligente. Na verdade, você é um devotado alpinista social, que sabe sobre etiqueta o suficiente para comer com um garfo e não assoar o nariz em público. Entretanto, você é um artista da baboseira tão completo que consegue se infiltrar na mais alta sociedade.

A busca pelo poder impulsiona você com tanta força como faz com o primo Escorpião. Porém, como sua natureza emotiva está hibernando, você não sofre nenhum daqueles descarrilamentos passionais de Escorpião na escalada corporativa. Sua filosofia de negócios é a dos primitivos magnatas de estrada de ferro. Mate todos que você não puder comprar, seja pontual e respeite os prazos.

Um número incomum de pessoas do seu signo tem o mesmo gosto quanto à comida que sua contraparte simbólica — come qualquer coisa. Para você, comida exótica é qualquer parte do animal que ninguém mais comeria, e é famoso por convidar a família e os amigos para uma refeição caseira e depois se

---

56. Famoso armador grego que foi um dos homens mais ricos do mundo.

recusar a dizer a eles o que está em seus pratos. Foi um capricorniano que inventou o termo *surpresa do chefe*.

Você demora para se zangar porque se considera tão superior ao resto da humanidade que raramente se dispõe a ter um diálogo. Você desconsidera qualquer opinião que não seja a sua, e o máximo que os outros podem esperar é um olhar furioso em uma cara azeda e uma sacudida de punhos, quando você os dispensa por serem tolos tagarelas para os quais você não tem tempo.

Você é o que menos envelhece do Zodíaco. Os astrólogos gentilmente dizem que os capricornianos invertem o processo de envelhecimento. O que isso realmente significa é que, quando criança, você vendia ingressos quando sua gata dava cria e jogava Execução Hipotecária em vez de Banco Imobiliário. E, quando você vai ao asilo de velhinhos, seu apelido ou é Quebra-nozes, porque você anda farfalhando pelos corredores em seu saiote de balé, ou Libertino, porque finalmente você entendeu o que significava brincar de médico na quinta série e está tentando compensar o tempo perdido.

Você é extremamente conservador. Você acha que seu colega capricorniano Rush Limbaugh deveria ser presidente do país e queimou seu broche da campanha de Barry Goldwater quando ele anunciou publicamente que apoiava os homossexuais no exército.

Capricórnio é o signo do executivo milionário, da lenda urbana, do ermitão, do papa e do estraga-prazeres das festas. Os nativos desse signo também dão excelentes compradores e assassinos de aluguel. Sempre tradicional, o último apóia a idéia de que, se você quer algo bem-feito, faça-o você mesmo.

Em casa, você aprecia sentar-se em seu sofá de quatro mil dólares (aquele que Libra não pôde comprar), bebericando um vinho raro e conversando calmamente com os amigos. Você nem se incomoda de ter que fazer força para conseguir ouvir o que dizem porque a capa de plástico do sofá é muito barulhenta e sua garrafa de Thunderbird safra de 1969 tem um sabor muito picante. Você está ocupado demais fingindo que o retrato sobre a lareira é do tataravô sábio como ninguém, cujo sangue era tão azul que ele assinou a Declaração da Independência com ele.

Você também tem a vontade mais poderosa do Zodíaco. A única coisa que o detém é você mesmo. Quando conseguir conciliar suas necessidades emocionais com sua ansiedade pelo sucesso, nada pode deter você. Em uma discussão, não há um signo no universo que esteja à sua altura.

Você tem pouca paciência com as imaturas palhaçadas de Áries e Sagitário, e um rápido coice de seu casco bem aparado mandam esses dois berrando montanha abaixo. Quando o briguento Leão tenta roubar sua autoridade, você o agarra pelo cangote e, com precisão, o chuta para longe. Os signos de Água, Peixes e Câncer, instintivamente sabem quem manda e apropriadamente se submetem a você, elegendo-o chefe do universo deles. O extremista Escorpião fica rapidamente ofegante sob a pesada bota da verdade de Saturno. Os signos do Ar, Gêmeos, Libra e Aquário, se chicoteiam num frenesi de raiva frustrada tentando perfurar seu comportamento implacável. Você e seus companheiros de Terra, Touro e Virgem, entendem-se perfeitamente e, portanto, raramente têm confrontos sérios.

Sua filosofia é a do "Não há bônus sem ônus". Você sabe que não existe essa coisa de passeio gratuito na vida e tem o raro dom de prever o futuro. Portanto, esteja preparado para trabalhar duro na juventude, de maneira a garantir uma velhice segura. Deixe o resto do mundo perder tempo e viver além das posses deles. Daqui a alguns anos, quando todo mundo estiver comendo canja e usando roupas desemparceiradas, compradas no brechó, você vai estar a bordo de seu iate particular, apreciando os frutos de seu trabalho e enfiando o dedo em seu nariz impecavelmente bronzeado.

Parente é Serpente — A Família de Capricórnio

Criança mimada, criança estragada.

PROVÉRBIOS, *13.24 (PARAFRASEADO)*

Num lar regido por Saturno, você nunca vai ter certeza se está vivendo com uma família ou se está matriculado numa escola de obediência para cães. Você vai ser proibido de subir nos móveis, escorregar pelo corrimão ou aparecer na mesa de jantar sem camisa e sapatos. A gravata é opcional.

Seus pais de Capricórnio estão firmemente determinados a garantir que você tenha sucesso na vida. Sua mãe vai mandá-la para a escola de modelo aos 3 anos, para a escola de dança aos 4 anos e para a escola de ioga aos 6 anos. Aos 5 você terá aprendido a escrever as primeiras letras numa caligrafia elegante.

Papai vai deixar que você suba em seus ombros enquanto ele anda pelo escritório, para que você se acostume cedo a ver as coisas de cima. No dia em que você nasceu, ele o matriculou na universidade que ele mesmo cursou, ou, se for um Caprino autodidata, na universidade do seu time de futebol favorito.

Nenhum deles é muito bom de abraçar, então você talvez tenha que dar o primeiro passo. Ambos vão atormentar os amigos que você trouxer para casa com a determinação de um detetive barato na pista de um assassino, e poucos passarão no teste. Pais Caprinos têm o irritante hábito de escolher amigos para você entre os filhos dos conhecidos deles. O fato de você não ter nada em comum ou detestar os pequenos esnobes não significa nada. Mamãe e papai não se lembram do nome do garoto, mas com certeza se lembram do carro de luxo dos pais dele.

Não fique surpreso se a primeira palavra de seu bebê capricorniano for seu primeiro nome. Esses nenês já nascem sérios e a maioria deles passa pelo estágio do gu-gu direto para frases inteiras. Um pequeno Cabrito terá um esquema definido para suas roupas, brinquedos e livros de figuras e, se ele não coincidir com o seu, você é que vai ter que ceder. As crianças de Capricórnio têm vontade firme, mas não são dadas a explosões de raiva. Elas simplesmente vão minar sua vontade colocando o ursinho de pelúcia atrás do sofá, onde ele "mora", uma vez, ou mil vezes, se você o puser de volta na cama delas.

Você raramente vai precisar lembrar seu adolescente de Capricórnio de fazer a lição de casa, porque crianças regidas por Saturno gostam de aprender. Entretanto, se o seu prefere aprender a escapar de casa à noite para dar umas voltas de carro com os amigos, você terá que colocar grade nas janelas para mantê-lo em casa. Faça com que siga desde cedo uma direção adequada, ou ele pode acabar como chefe da gangue do bairro, em vez de orador da turma.

Como todos os signos de Terra, seu irmão ou irmã de Capricórnio vai ter um lugar certo para cada coisa, e é melhor que você não mexa ali, até pedir permissão. Eles, por outro lado, dirão a você que estão levando seu casaco, ou carro, emprestado. A filosofia dois pesos, duas medidas vai ser irritante, mas não force muito a barra ou terá que fazer o dobro do trabalho doméstico, porque o Cabrito disse a mamãe e papai que tem que estudar muito para uma prova inexistente.

Como sobreviver? Abaixe a cabeça e labute ao lado deles. Pratique seu francês, afofe seu casaco de angorá e certifique-se de que seu sapato esteja brilhando. No dia seguinte à formatura, você pode embalar seus problemas em sua mala Gucci e sair de casa sapateando.

Turma do Escritório — Megeras, Alcagüetes e Preguiçosos Crônicos

Quando o presidente faz alguma coisa, isso quer dizer que não é ilegal.

RICHARD NIXON[57] (9 DE JANEIRO)

Todo chefe de Capricórnio é um parente distante de Simon Legree[58]. Ele ou ela mantêm um olho no relógio e o outro em suas costas encurvadas e um ouvido na parede para poder pegar você fazendo ligações pessoais.

Esse chefe vai passar pela sua mesa cinco minutos antes do final do expediente só para ter certeza de que você não saiu mais cedo. Se você disser que desse jeito vai ter um ataque nervoso, ele vai dizer que você o tenha na hora do almoço, já que o relatório em que você está trabalhando tem que estar pronto às cinco.

O escritório da chefe Caprina vai ser cheio de pompa e circunstância. A mesa dela vai ser uma monstruosidade feita da madeira mais ameaçada de extinção que o dinheiro puder comprar e ela vai usar um intercomunicador daqueles antigos para chamar você, porque isso a faz sentir-se importante.

O estilo de gerenciamento dele é o da ambição compulsiva. O escritório parece a casa dele, pois ele passa a maior parte do tempo lá. Se você o ajuda a fechar aquele negócio de um bilhão de dólares, o máximo que você pode esperar é um "Bom trabalho" murmurado. Na cabeça dele, ele é o único responsável pelo sucesso e você é apenas outra de suas ferramentas, como o telefone celular dele.

Os colegas de Capricórnio são quietos, trabalham duro e não chamam a atenção. Podem ser amistosos e tímidos, ou reservados e indiferentes, mas você nunca os verá matando tempo no bebedouro com um ariano ou fofocando ao telefone como Gêmeos. Uma Cabra devotada não tem tempo a perder. Po-

---

57. Presidente norte-americano que renunciou depois do escândalo de Watergate.
58. Cruel negociante de escravos, personagem de um romance liberacionista de Harriet Beecher Stowe (1811-1896).

de apostar que qualquer Capricórnio que tenha trabalhado na mesma companhia por mais de dez anos traçou firmemente seu caminho rumo ao topo através do povo comum. Todas as Cabras têm o mesmo objetivo, continuar ganhando poder e *status*.

A boa notícia é que, a menos que seu emprego esteja diretamente no caminho dele ou dela, e não haja rota alternativa que não atrase seu prazo pessoal, você tem pouco o que temer. A má notícia é que, se a sua posição é o próximo degrau rumo à torre de marfim, é melhor você atualizar seu currículo ou se preparar para uma longa e impiedosa batalha. Você pode entreter uma Cabra com promessas, mas terá que trabalhar mais e com mais empenho, abrir mão do almoço e parar de mandar e-mails para seus amigos quando deveria estar fazendo o balanço do orçamento. Há algumas pedras que um Cabrito montês não consegue transpor mas, a menos que ele ou ela ache uma rota alternativa aceitável, pode ter certeza de que por muito tempo sua cadeira vai ser cabeceada repetidamente.

Irritar um capricorniano é fácil e divertido. Aja como se trabalhar fosse a coisa mais legal que você já fez. Brinque com seus colegas enquanto dá conta da correspondência com rapidez, fala ao telefone, faz hora extra no almoço e fica flertando com alguém de Libra da mesa ao lado. O circunspecto e cauteloso capricorniano vai se recolher, dar uma olhada terrível para o seu lado e sair correndo pela porta.

Não Podemos Todos Nos Dar Bem?

Então, como você pode agüentar viver com esse sovina amuado? Fácil, desde que você conheça o caminho para o coração dele, ou dela.

Cabras Avarentas

Todo capricorniano tem a fama de guardar o primeiro centavo que ganhou na vida. Isso pode ser verdade, mas a Cabra é antes perspicaz do que mesquinha. Não importa quão magra seja sua renda, sua Cabra sempre dá um jeito de pagar as contas, depositar algum dinheiro na conta da aposentadoria e comprar um novo par de sapatos de grife. Sua casa será cheia de luz e flores e sobriamente decorada com mobília de liquidação e obras de arte baratas.

Os nativos de Capricórnio acreditam em qualidade em vez de quantidade. O seu vai preferir dormir em um colchonete enquanto guarda dinheiro para aquele jogo de quarto antigo que vocês querem. Quando tiverem o dinheiro suficiente, ele vai negociar um desconto. As Cabras acreditam na idéia de guardar cupons de desconto, comprar no atacado e comprar o mesmo terno de grife em três cores diferentes quando estão em liquidação. Elas também têm horror de desperdício, portanto prepare-se para comer um monte de sobras e colocar água no vidro de condicionador quando estiver no fim. Prepare-se, também, para aposentar-se dez anos antes que a média das pessoas e jantar filé mignon enquanto seus amigos comem hambúrger.

Cabras Alpinistas Sociais

Capricórnio é o signo mais determinado do Zodíaco. Quer seja um grande magnata fechando mais um negócio ou um funcionário atrás de promoção, todas as Cabras focalizam um objetivo. E todos respeitam as pessoas que já atingiram seus objetivos. Já que também são práticos, não vêem razão para bater papo com uma secretária de trinta anos de experiência, quando poderia estar conseguindo algumas sugestões sobre a melhor maneira de formular a apresentação que pode lhe dar um cargo melhor. Isso não tem nada a ver com escalada social, e tudo a ver com lançar as bases para um futuro seguro, que inclui você.

As Cabras respondem bem às obrigações sociais, então relembre o seu de que um minuto ou dois gastos em conversa com a equipe é de praxe. Ele ou ela podem se lamentar e sair arrastando os pés para ir dizer alô ao novo garoto do escritório, que estava em pé, sozinho no canto. Não se surpreenda se seu Cabrito alegremente voltar para o seu lado radiante porque Saturno recompensou seu senso de dever com outra oportunidade. É que o garoto era filho do chefe e seu capricorniano foi o único na sala que se deu ao trabalho de parar para conversar com ele.

Cabras de Coração Frio

De todos os conceitos equivocados sobre Capricórnio, o maior é de que são frios, emocionalmente distantes e dominadores. Eles todos têm essas características, porém não mais do que o resto do Zodíaco. O caráter básico do Caprino é reservado, até mesmo dolorosamente tímido e todos têm um medo terrível de fazer papel de bobos em público. Essa é uma das razões pelas quais não aceitam trotes e brincadeiras muito bem. Eles sofrem com isso, em vez de se divertir.

Essa tímida discrição freqüentemente é transferida para o departamento amoroso. Em geral, as Cabras tendem a se casar mais tarde do que outros signos porque sabem quão séria é a busca por uma relação duradoura. Vai custar um pouco para você pôr abaixo o muro que cerca suas emoções, cuidadosamente erguido, por tantos anos. Os capricornianos adoram os jogos de amor. Vinhos, candelabros, música, jantar para dois ao luar, tudo isso cria uma atmosfera a que seu capricorniano não resiste. Eles também têm o tato muito aguçado, então, investir em lençóis de seda ou um conjunto de roupões aveludados é certeza de chamar a atenção deles. Quanto à parte inverter o processo de envelhecimento, pode contar que seu Capricórnio é a prova viva na cama.

Cabras Lúgubres

Todos os capricornianos têm um traço de pessimismo. Quer o do seu seja um traço fino como o de um lápis ou largo como o Mississippi, vai parecer que ele ou ela vivem queixando-se de como a vida é dura e se perguntando se devem sair de férias ou economizar dinheiro para o caso de o carro quebrar.

Não há como escapar da severa disciplina e da autonegação que Saturno confere. Essa é uma das razões pelas quais os jovens capricornianos se tornam viciados em trabalho com freqüência, enquanto seus amigos estão aproveitando a liberdade da vida de solteiros. Entretanto, as oportunidades são freqüentes na vida do capricorniano, muito provavelmente como recompensa pela natureza diligente.

Garanta ao seu capricorniano que o teto não vai cair enquanto vocês estão no Havaí e, mesmo que caia, graças à negociação perspicaz dele ou dela, a apólice de seguro vai pagar por todos os danos. A seguir, cumprimente-o pela habilidade com que ele ou ela agarrou a oportunidade desse cruzeiro de dez dias, pagando metade do preço, e pelo zelo com que ficou checando a reserva das cabines até descobrir um cancelamento de última hora. Encerre com chave de ouro seu discurso chamando a atenção para a quantidade de dinheiro economizada por toda essa atenção. Tanto, na verdade, que vocês não apenas podem levar mais dinheiro para gastar na viagem como também depositar algum na reserva para a faculdade das crianças. E aproveite bem as ilhas.

Dicas Rápidas para Emergências
- ♑ Os capricornianos precisam de segurança financeira.
- ♑ Boas maneiras e discrição são a chave para chamar a atenção deles.
- ♑ Eles apreciam discussões práticas para problemas emocionais.
- ♑ Faça seu lado romântico emergir com música suave e velas.
- ♑ Corte o barato deles tratando trabalho como diversão e diversão como trabalho.

Cabras Montesas e Bodes Velhos
Débora Duarte
Jô Soares
Luis Pasteur
Mao Tsé Tung
Marilyn Manson
Renato Aragão
Revendo Jim Bakker
Rita Lee
Simone
Wanessa Camargo

CAPÍTULO DOZE

Aquário

20 de Janeiro — 18 de Fevereiro

Mamãe era uma espiã; papai era um psicopata

Elemento: Ar. Aquário é elétrico e imprevisível. Você sabe que a tempestade está chegando, só não tem certeza de quando ou com que força.

Modalidade: Fixo. Aquário é a versão humana do tornado que carregou Dorothy para a terra de Oz.

Símbolo: O Carregador de Água. Dilúvio. Enchente. Emanação.

Regente: Urano, o deus das mudanças bruscas e Saturno, o deus da repressão e do *status quo*.

Atitude Predileta: Enfrentar alguém. Desafiar.

Livro Favorito: *Psicografando Mensagens do Além de Animais de Estimação por Prazer e por Dinheiro.*

Modelo Exemplar: Goldfinger.

Emprego dos Sonhos: Chefe dos Borgs.[59]

---

59. Raça alienígena da série Jornada nas Estrelas. Os borgs são seres quase indestrutíveis, pois se agregam numa só consciência cujo único objetivo é agregar mais indivíduos à sua comunidade. A idéia de individualidade não tem sentido para um borg.

Frase Predominante: "Resistir é inútil".

Parte do Corpo: Tornozelos, permanentemente torcidos de tanto virar os pés e marchar para fora do quarto.

Aproxime-se com Cuidado

Aquário, o décimo primeiro signo do Zodíaco, reside na Casa da Amizade, do Intelecto e do Idealismo. A astrologia gentil descreve o Carregador de Água como um individualista assertivo, original e idealista que trata todas as pessoas igualmente. O que você realmente tem é um excêntrico que espirra as mais diversas ideologias doidas em qualquer um que ele ou ela possa encurralar.

Depois de Escorpião, os aquarianos são os que mais entram e saem de hospícios entre todos os signos. O termo Distúrbio de Personalidade foi cunhado para a mente aquariana. Agora que estamos oficialmente na Era de Aquário, você pode notar um aumento significativo no fator de agitação de seu Carregador de Água favorito. Acostume-se. Hordas deles vão passar dos limites durante todo o próximo milênio.

Aquário tem dois regentes, Urano e Saturno. Urano, o planeta da mudança abrupta, traz a revolução. Saturno, planeta do dogma e da repressão, indica o *status quo*. Em Aquário, esses pesos pesados criam uma personalidade imprevisível, dividida entre a vontade de criar mudanças e a necessidade de segurança. Os Carregadores de Água tentam forçar o mundo à sua volta a mudar, para criar a ilusão de inconformismo. Na verdade, eles temem as mudanças.

Os aquarianos são distantes, reservados, não passionais. Isso porque temem a introspecção que revelaria que eles, na verdade, não têm todas as respostas. Os aquarianos perseguem o futuro em vez de viver o presente. O fato de terem nascido sem o gene da auto-análise criou um cisma entre o julgamento aguçado que têm sobre os outros e o pouco autoconhecimento que têm. Se discordar da versão aquariana da verdade, você se arrisca a nunca mais vê-los novamente. Se provar que são tão auto-iludidos quanto o resto de nós, eles trincam como o mais fino cristal.

Se Você Ama um — Homem de Aquário

Comece o dia com um sorriso, e você conseguirá passar por tudo.

W. C. FIELDS[60] (29 DE JANEIRO)

Se não for efetivamente brilhante, um homem de Aquário será, ao menos, um pensador inventivo que visualiza um futuro maravilhoso e, geralmente, acha um modo de torná-lo real. Seu lado deliciosamente espontâneo vai preferir viagens não-planejadas para lugares fora de mão; seu lado prático e respeitável faz com que seja seguro e estável. Ele lê livros, preocupa-se com o meio ambiente e será, ao mesmo tempo, seu melhor amigo e um amante decididamente não convencional. Você acha que está vendo um romântico sopro de ar puro vindo em sua direção? Pois aquele arquejo que você ouviu em meio aos arbustos pertence a um cruzamento do dr. Strangelove[61] com Frankenstein.

Na melhor das hipóteses, ele vai ser um excêntrico irritável e arbitrário que vive perdido em pensamentos, mas é, no final das contas, razoavelmente inofensivo. Na pior das hipóteses, é um monstro de sangue frio e alegremente vil que vai sujeitar você a intermináveis torturas mentais e, então, com a indiferença de um psicopata, vai ficar vendo você se desintegrar. Ele pode ter a língua cáustica de um W. C. Fields, que chamou a famosa estrela leonina Mae West de "a idéia que um encanador faz de Cleópatra". Ou viver por anos com uma aparência e comportamento normais, como todo mundo, e um dia sair para comprar leite e não voltar mais.

O Carregador de Água do sexo masculino tem delírios de grandeza de fazer um leonino corar. Ele acha que é o salvador do mundo, quer o mundo queira ser salvo ou não. E não vai hesitar se precisar forçar seus planos de mudança sobre um grupo desprevenido.

Considere o presidente aquariano Franklin Roosevelt, que pôs em prática um conjunto de medidas para aliviar o sofrimento de milhares de norte-americanos desempregados e da economia do país, que há tempos não crescia. O se-

---

60. Um dos maiores humoristas norte-americanos, conhecido pelo seu mau humor.
61. Cientista alemão esquisito que, no filme *Dr. Fantástico*, dá dicas ao presidente dos Estados Unidos de como garantir a sobrevivência da humanidade após o suposto lançamento de uma bomba atômica.

guro-desemprego, a assistência aos velhos e inválidos, a legalização dos sindicatos e a diminuição da jornada de trabalho surgiram todos de sua visão. Quer se concorde ou não com seus pontos de vista políticos, não se pode negar sua tentativa humanitária de ajudar as massas. No entanto, na típica maneira aquariana, como o plano tinha poucos detalhes e restrições embutidas, ele lançou as bases para a bagunça que se vê hoje. Como o bom Dr. Frankenstein, sua intenção era boa, mas o resultado foi um monstro incontrolável.

O Carregador de Água não é nem egoísta nem dominador, mas isso apenas porque você vai vê-lo menos do que a um caixeiro-viajante sagitariano. Ele não vai deixar a casa fisicamente, porque as viagens serão todas na cabeça dele. Mas ele vai viver praticamente na garagem ou no porão, ocupado com seu último invento, tentando entrar em contato com extraterrestres ou chamando o FBI e oferecendo seus serviços como espião experimentado.

Ele é Ar e Fixo e, como seus primos Leão, Touro e Escorpião, não é bom em disputas. Ele é tão obstinado e tenaz como aqueles, e está atrás de atenção do mesmo jeito, mas ele é também engenhoso nos jogos mentais. Foi provavelmente um homem de Aquário quem levou o sistema legal a cunhar o termo *crueldade mental*.

Ele é irrequieto. A maioria dos Carregadores de Água do sexo masculino tem um tique nervoso que as pessoas confundem com um sorriso enviesado. Sua personalidade eletricamente carregada faz dele o rei dos julgamentos improvisados, dos pronunciamentos intermináveis e das longas respostas a perguntas que você nunca fez. Em dias especialmente difíceis, sua mera aparição faz os cachorros uivarem e os gatos se arrepiarem.

Ele pode ter uma queda para abusar das drogas — não para se iludir, como Peixes, mas simplesmente para acalmá-lo o suficiente para manter um emprego. E a quantidade que ele pode ingerir e ainda se manter ativo colocaria qualquer outro signo em coma.

Ele é paranóico. Vai manter as cortinas fechadas, a TV no canal de noticiários e a secretária eletrônica ligada. Vai esperar que você relate qualquer atividade incomum que tenha visto no mercado, ou no seu trabalho, a qual ele imediatamente assimila em sua mais recente fantasia de desastre. Vai manter conversações freqüentes com a pessoa que está em pé, logo atrás de você, a qual somente ele pode ver.

Embora ele adore perambular pela casa pelado, como amante ele prefere um bom livro, a menos que você chame sua atenção apelando para seu lado pervertido. Quanto mais você agir e parecer bizarra, mais ele gosta. Fingir que a fivela prateada que você está usando é, na verdade, uma pequena arma nuclear, que pode ou não detonar no momento exato, vai levá-lo a um frenesi sexual. Amarre-a na cintura dele, diga que é a máquina sexual mais perfeita, e você terá uma noite de múltiplos prazeres.

Ele é inventivo, original e, quando está em equilíbrio com sua natureza saturnina, é uma força que nada pode parar. Considere o roqueiro chocante e primordial, o aquariano Alice Cooper. Fiel ao seu lado regido por Urano, ele supostamente tirou seu nome artístico de uma bruxa do século XVII que se comunicou com ele por meio de uma tábua Ouija. Sobre sua banda, ele disse, "Nós gostávamos é de diversão, sexo, morte e dinheiro... e metemos uma estaca bem no coração da Geração Paz e Amor".

A expressão de olhar selvagem de Cooper, seu cabelo e maquiagem horripilantes e a queda pela apresentação no palco de objetos em chamas e números repulsivos, tais como encenação de enforcamentos, guilhotinas e assassinato de bonecas que esguichavam sangue, é um clássico de Aquário. E, como todo aquariano verdadeiro, ele acredita que seu trabalho é deixar a platéia com a sensação de estar "na maior festa a que jamais foram em toda a sua vida".

Sua vida fora dos palcos combina bem com o lado saturnino da natureza aquariana. Cooper é casado com a mesma mulher há vinte anos, tem três filhos, é treinador de futebol e beisebol infantil, um golfista ávido e arrecada mais de 150 mil dólares ao ano para caridade.

Quer o seu seja um gênio esquisito-porém-inofensivo ou um anarquista sarcástico, a vida com o homem de Aquário é o passeio mais radical que você pode dar no planeta Terra.

Se Você Ama uma — Mulher de Aquário

Você pode ficar com todo o reconhecimento. Eu fico com o dinheiro e o poder.

HELEN GURLEY BROWN[62] *(18 DE FEVEREIRO)*

Ela é um espírito livre, eternamente curiosa e sempre amigável. Uma mulher aquariana vai encantar você com seu charme enigmático e procurar um homem que seja tanto romântico quanto intelectual. Não é possessiva nem ciumenta e acredita que o amor começa com a amizade. É também um ser completo, que marcha em seu próprio ritmo. Se esse é o ritmo de uma banda de jazz ou de um conjunto de tambores, enquanto ela assa você no cupinzeiro mais próximo, é o que você deve tentar determinar antes do casamento.

A boa notícia é que ela é uma das pessoas mais legais do universo. A má é que isso é porque ela sempre faz exatamente o que quer. Uma mulher de Aquário é rebelde, cabeça-dura e do contra. Ela pode ser egoisticamente independente e irritante, principalmente quando está correndo pela casa gritando "Liberdade!"

Quando fica brava, pode agir de uma maneira infantil e agressiva. Pode bater o pé, mandar você embora de casa ou até quebrar tudo num acesso de indignação petulante. Porém, normalmente aborda a fúria com a mesma perspectiva mental distanciada com que ela faz tudo o mais na vida, preferindo discutir e fazer você ficar com raiva. Como todos os signos de Ar, ela se aborrece facilmente e adora ver o circo pegar fogo, principalmente se achar que isso vai irritar você.

Ela é tão imprevisível que, a cada vez que se despede dela com um beijo, fica sem saber quem, ou o quê, vai saudá-lo quando voltar. Ela tem poucas inibições. Algumas Carregadoras de Água têm cabelos verdes, cabelos roxos ou não têm nenhum cabelo. Ela vai usar uma argola no nariz, um anel no dedo do pé ou seis brincos em uma orelha e um piercing na língua. Ela vai se vestir do jeito que achar melhor, não importa qual seja a ocasião, e pode muito bem usar jeans e uma camiseta escrito "Liberdade para o Tibete" em um jantar formal, no qual ela não vai hesitar em discutir qualquer tópico sob o sol, inclusive morte,

---

62. Redatora e editora americana.

política, canibalismo ou o canibalismo de políticos mortos. Sua personalidade é uma combinação de tratamento de choque e rigoroso individualismo.

A mulher Carregadora de Água adora fofocar tanto quanto a prima de Gêmeos. Entretanto, sua estranha curiosidade faz com que ela desencave a parte mais repulsiva que possa achar para horrorizar você, enquanto escancara sua gargalhada maníaca. Também vai manter você acordado a noite inteira, analisando tópicos tão vazios quanto o modo como se forma a camada de poeira sobre os móveis ou se Hebe Camargo usa peruca ou não.

Ela tem uma horda de amigos de todas as idades, sexos, seitas e tipos de caráter. E vai estar disponível a qualquer hora do dia ou da noite para aconselhamento, uma refeição gratuita ou uma cama quente. Se você quiser ganhar seu coração, esteja preparado para se sentir como se estivesse vivendo num lugar que é uma mistura de ponto de ônibus e consultório de psicanálise.

Quanto mais bizarro você for, melhores as suas chances de levá-la para a cama. Diga que você está fazendo pesquisa sobre os ritos sexuais dos vampiros de Los Angeles e ela vai confessar que recebe, por via mediúnica, de Bela Lugosi, o eterno Drácula, novas posições do Kama Sutra. Finja ser um inimigo alienígena do planeta Halcion e ela vai se embrulhar em luzes de Natal e cair a seus pés. Todavia, a menos que você seja um ariano com uma imaginação infinita ou um Escorpião que possa apelar para o lado pervertido dela, você logo vai descobrir que está com uma parceira entediada que prefere ler sobre sexo do que fazer a coisa real. Mas não confunda entediada com assexuada.

A devastadora aquariana de Hollywood, Mamie Van Doren, já usava sutiã pontudo quando a leonina Madonna ainda usava fraldas, e Mamie raramente, se é que houve alguma vez, confundia uma boa transa com um relacionamento romântico. Fiel à esperta natureza aquariana, ela sobreviveu à era das loiras de Hollywood, os anos 60, e continua firme. Ela ainda ama os homens e, como gosta de dizer, "Mamie gosta dos novinhos".

A aquariana não é dada à emotividade melosa. Portanto, se você é alguém que tem necessidade de adoração como Leão, ou um signo de Água chegado a um drama, logo você vai sentir como se tivesse se metido em um rodamoinho eletricamente carregado e tivesse sido despachado, arrebatado e cuspido fora por ser estúpido demais, tudo em tempo recorde.

A sra. Aquário também tem um toque de cavadora de dinheiro em sua alma. Embora ela não seja tão óbvia como uma capricorniana checando as cotações da Bolsa de Valores, ela acredita firmemente no antigo chavão que diz que é tão fácil amar alguém rico como alguém pobre. Zsa Zsa Gabor, charmosa, impressionante e casada por nove vezes, uma vez disse, "Eu nunca odiei um homem o suficiente para devolver seus diamantes".

O papel de Gabor como convidada no último episódio do antigo seriado de TV do Batman foi típico da mulher aquariana. Talvez por isso ela se lembre dele com tanto gosto. Zsa Zsa fez Minerva, uma mulher malévola que tinha um spa para homens, no qual ela mapeava seus cérebros sob secadores de cabelo especiais. "Eu amei a personagem", disse Gabor. "O guarda-roupa era todo espalhafatoso e prateado e nada pode ser mais excitante que isso. Esses secadores de cabelo chupavam todas as histórias de espionagem do cérebro das pessoas. Havia um vendedor de jóias e eu consegui descobrir a combinação do cofre dele. Abri o cofre e os diamantes caíram sobre mim. Eu adorei."

O título de sua autobiografia, *Uma Vida Só não é o Bastante*, resume a filosofia de toda mulher aquariana, incluindo a da sua.

Se Você é um — Imprestável de Nascença

"Sou de Aquário — destinado à grandiosidade ou à loucura."

HAIR (ÓPERA ROCK)

Você tem o irritante hábito de assumir um ar de especialista ao falar de assuntos sobre os quais você sabe pouco ou nada. Isso é porque seu cérebro é como uma enciclopédia com várias páginas faltando. Você confunde pedaços de uma conversa que teve há um ano com o documentário sobre as pirâmides que você viu na semana passada. Daí, você insiste que teve uma conversa com o curador de um museu egípcio sobre as relíquias encontradas na tumba do Rei Tut. A parte triste é que você acredita em suas fantasias e, portanto, você é não apenas uma fraude como também muito pirado.

Os alienígenas seqüestram aquarianos com maior freqüência do que qualquer outro signo. Na verdade, vocês provavelmente são alienígenas que usam a história do rapto para encobrir seus estranhos padrões de conduta. Seu cérebro trabalha mais rápido do que você consegue falar e, então, sua conversa fica cifrada com mal pronunciadas palavras de cinco sílabas que fazem você parecer com Roger Rabbit falando sobre a glândula "próspera" do tio dele.

Você tem uma grande simpatia pelas provações e tribulações da humanidade. Claro que você raramente faz alguma coisa que não seja falar sobre o quanto você se importa, já que está ocupado demais grampeando a casa da vizinha por estar convencido de que ela está escondendo no porão cinco dos dez sujeitos mais procurados do país. Na verdade, *Os Mais Procurados da América* é seu programa favorito na TV e você conhece cada apresentador pelo nome.

Aquário é o signo do humanitário, do inventor, do cientista louco e do anarquista. Carregadores de Água também dão bons hippies, travestis e professores de inglês disléxicos. Todos vocês têm gravações do elenco original de *Hair* e mantêm seus valores trancados no cofre disfarçado de mesinha de época no seu escritório doméstico.

Suas intermináveis peculiaridades e questionamentos incessantes são as razões pelas quais você não tem amigos próximos e os membros de sua família todos moram em outros Estados. Mas para você está ótimo, pois lhe dá oportunidade de entrar em ação no ônibus interestadual. Além disso, você adora uma platéia e a viagem lhe dá a chance de entreter seus recém-descobertos amigos com sua habilidade de fazer imitações de apresentadores de TV famosos.

Você tem afinidade com o bizarro e coleciona itens como esterco petrificado de morcego e aquela coisa preta que você encontra sob a varanda quando o clima está úmido. Tem curiosidade sobre movimentos religiosos estranhos ou práticas psíquicas pouco convencionais, como Leitura das Linhas do Umbigo.

Você se preocupa tão pouco com o que os outros pensam que raramente se dá ao trabalho de tomar banho ou se vestir nos finais de semana. Se um visitante inesperado chega à sua porta e se sente ofendido pelo seu odor corporal e sua casa bagunçada, você acha que é bem feito por não ter ligado antes para que você dissesse a ele para ficar em casa.

No amor, você é muito seletivo. Assim que descobre que seu mais recente pretendente é o protótipo do criminoso patológico, você está fisgado. Entretanto, já que você não tem a menor idéia de como manter um romance, assim que o desejo se esvanecer, ou as algemas se quebrarem, você estará alegremente a caminho de novas e ainda mais estranhas conquistas. Quando se trata de casamento, a única coisa que seu cônjuge pode esperar é o divórcio.

Você é o signo mais chato do Zodíaco. Você força tanto os parentes quanto os amigos a fazer especulações que duram a noite inteira sobre os prós e os contras dos selos que se precisa lamber, com relação aos do tipo auto-adesivo.

No entanto, você não compreende realmente como as coisas funcionam e seu conhecimento científico vem dos programas de ciências da TV. Você acha que as pegadinhas da TV são um bom exemplo de visão divertida da vida real. O fato de escolherem pessoas tão desavisadas que não percebem que estão sendo ridicularizadas faz você rir ainda mais.

Você também é o pensador mais original do mundo. É sensato, amigo e idealista. Sua feroz necessidade de independência, no entanto, pode ser uma espada de dois gumes. Se aprender a passar por cima do ímpeto de sair dando broncas e despejando ultimatos antes de apurar corretamente os fatos, o resto do Zodíaco vai comer na sua mão. Enquanto isso, como atirador verbal, você tem o saque mais rápido do universo.

Quando os signos de Terra, como Capricórnio e Virgem, tentam despedaçar seus sonhos, você dá um golpe de tornado em seus caracteres inseguros. Sua afiadíssima observação sobre a natureza hipócrita do Boi faz um Touro parar em sua investida. Manipuladores teatrais como Câncer e Peixes se desintegram frente à sua honestidade em dizer as coisas como realmente são. Sua capacidade de ignorar friamente a obsessão de Escorpião pelo controle o leva a um furor que o deixa às raias da autodestruição. Os signos de Fogo, Áries e Sagitário, pegam fogo quando se opõem à força de sua personalidade elétrica. E você esmaga a atitude egotista de Leão com poucas e sucintas observações sobre sua natureza egocentrista. Você e seus companheiros dos signos de Ar, Gêmeos e Libra, se entendem perfeitamente e, portanto, raramente têm confrontos sérios.

Sua filosofia é "Honestidade é a melhor política". Você é um espírito livre que não liga a mínima para se enquadrar nos padrões da sociedade. E você entende que lar é um estado de espírito e não um lugar definido. Deixe que outras pessoas se dependurem em suas crenças rotas e suas rotinas entediantes. Daqui a muitos anos, quando seus detratores estiverem sentados na sede de seus condomínios, vivendo a vida dos outros por meio da TV a cabo, você pode mandar para eles um vídeo de você e o Dalai Lama discutindo o verdadeiro caminho da iluminação.

Parente é Serpente — A Família de Aquário

"Eu sou louco, você é louco, somos todos loucos"

ALICE COOPER[63] *(4 DE FEVEREIRO)*

O lar aquariano é, em parte, albergue noturno e, em parte, filme de ficção científica. Pessoas estranhas espreitam entre os arbustos, o telefone toca constantemente e a companhia de luz manda para seus pais uma cesta de presente todo Natal, porque sua casa parece mais uma árvore de Natal.

Sua mãe vai ter uma janela de passagem na cozinha por onde ela oferece sanduíches de banana aos famintos. Seu pai terá três celulares sob diferentes nomes fictícios e um laboratório no porão de fazer inveja ao Sr. Freeze. Ele vai esperar que você colha informações sobre seus professores para o Manifesto pela Educação que ele pretende escrever.

Sua casa será decorada com objetos religiosos da antiga Babilônia e estará sempre lotada de livros sobre tópicos tão obscuros quanto invenções, abduções por alienígenas e a história das tendas de circo. Todavia, ambos os pais serão grandes ouvintes e muito pouco do que você faça pode chocá-los.

Quando perguntaram ao papai aquariano Abraham Lincoln sobre sua indulgência com relação aos filhos, que mantinham cabras de estimação na Casa Branca, ele disse: "Para mim é um prazer que meus filhos sejam livres, felizes e que não sejam tolhidos por nenhum tipo de tirania paterna".

Seus pais vão insistir veementemente na honestidade absoluta. Mentir para essa mãe e esse pai pode levar você a um abrigo para moradores de rua na rodoviária. Nenhum dos dois vai impedir você de escolher seu próprio caminho na vida. Na verdade, eles estarão ansiosos para chutar você porta afora assim que apagar as velinhas do seu 18º aniversário. Eles planejam transformar seu quarto em um abrigo para anões de circo fugitivos.

A única coisa previsível numa criança aquariana é a sua imprevisibilidade. Quando bebê, seu pequeno Carregador de Água será gentil e obediente. É quando eles chegam aos 2 ou 3 anos que você tem de prestar atenção. As crianças aquarianas tem muita tendência a perder as coisas e sofrer acidentes, porque estão sempre sonhando acordados.

---

63. Roqueiro norte-americano afeito a performances diabólicas no palco.

Os adolescentes de Aquário vestem camisas da marca Pendleton sobre calças de tons pastéis para ir à escola, pintam os cabelos de preto, vermelho e amarelo, tudo na mesma semana, e têm um diversificado círculo de amigos que inclui o colega de escola que mora na casa ao lado e o porteiro veterano do supermercado local. Enquanto outros garotos estão sonhando com a noite do baile de formatura, os jovens Carregadores de Água estão descobrindo como fazer o alarme de incêndio tocar a cada meia hora durante a noite toda.

Os irmãos de Aquário são esquecidos. Vão insistir para que você os ajude a encontrar as chaves do carro deles, a lição de casa que sumiu e o gato da família, que eles deixaram escapar porque estavam tentando lembrar onde deixaram os óculos escuros, em vez de cuidar da porta. Também é muito provável que esqueçam você no cinema ou no shopping; então, é melhor você levar seu celular ou dinheiro para ligar para seus pais. Eles são definitivamente esquisitos, mas geralmente inofensivos. Não vão bater em você, como um Touro, ou se opor a você, como Áries. Não vão choramingar a um olhar de soslaio, como Câncer, ou brigar pelo banheiro, como Libra. Na verdade, eles provavelmente nem vão lembrar que vocês são parentes, a menos que você fique se apresentando o tempo todo.

Os aquarianos da sua família podem ser os esquisitos da vizinhança, mas a educação que você receber em casa será dez vezes mais esclarecedora e cem vezes mais interessante do que qualquer coisa que você venha a aprender na faculdade.

Sobreviver em uma família de aquarianos excêntricos vai ser um teste para a sua paciência e, ao mesmo tempo, para saber o quanto você agüenta pagar micos. Porém, quando chegar a hora de ir para a faculdade, você já terá aprendido a sutil diferença entre contar uma mentira deslavada e omitir fatos pertinentes para salvar um amigo da cadeia, o verdadeiro destino de Atlântida e como organizar uma marcha de protesto.

Turma do Escritório — Megeras, Alcagüetes e Preguiçosos Crônicos

> *Eu não falhei. Só descobri dez mil maneiras pelas quais a coisa não funciona.*
>
> THOMAS EDISON[64] *(11 DE FEVEREIRO)*

Ter um chefe de Aquário é como assistir a uma daquelas máscaras de teatro de duas faces girando. Primeiro ele, ou ela, se recolhe à sua suíte executiva e recusa todas as chamadas, e depois sai correndo e descarrega no seu colo um projeto de última hora, totalmente fora do programa, que tem de estar pronto até o fim do expediente. Pedir orientação não vai ajudar, porque ele não vai ter idéia de como lidar com os detalhes. Esse é o seu trabalho. Você deve completá-lo rápida e acuradamente, sem reclamar, ou pode esperar ser fria e rapidamente eliminado do quadro de funcionários.

Sua chefe aquariana tem o desagradável hábito de falar para você, não com você. Vá à sala dela, com prancheta e lápis na mão, e você vai escrever por uma hora, tentando entender os pronunciamentos contraditórios e enrolados que ela está despejando com mais rapidez do que um locutor esportivo narrando o final do campeonato. Se você interromper para perguntar o que a troca do carpete do escritório tem a ver com o desenvolvimento de um novo plano de marketing para instalar barracas de sorvete no Saara, ela vai olhar para você de uma maneira que vai fazer você se sentir como um rato de laboratório preso no labirinto. Ela não estava dando instruções, só estava pensando em voz alta. Chefes aquarianos fazem tudo em voz alta.

De acordo com os registros históricos, o aquariano Charles Darwin tinha um "fluxo de conversação que... freqüentemente saía de uma tangente por este lado, seguia para outra tangente pelo outro lado, em qualquer tópico que estivesse discutindo".

Colegas aquarianos estão tão ocupados pondo-se a par das novidades da companhia que não se preocupam em subir a escada corporativa. Aquela antiga piada sobre bater o ponto, fazer um intervalo, cumprimentar os colegas, almoçar, ler a correspondência, fazer um intervalo, ligar para os amigos e para a

---

64. Inventor da lâmpada.

família, cancelar um encontro e bater o ponto de saída é uma descrição perfeita de um típico dia de trabalho aquariano.

Se um Carregador de Água colocar os olhos em sua posição, ele provavelmente vai apenas dizer a você que pode fazer um trabalho melhor do que o seu e que você deveria começar a pensar em uma transferência, pelo bem da companhia. Sendo o humanitário que é, ele vai se oferecer para escrever uma carta de referência para você. Também vai começar a confabular com o chefe e reescrever uma descrição de emprego combinando ambas as posições, a sua e a dele, para provar que ele pode economizar para a companhia o montante de seu salário e benefícios.

Para frustrá-lo, simplesmente anuncie que o departamento de pesquisa detectou fracos porém audíveis sinais vindos de dentro da crosta terrestre e dirigidas à Galáxia Andrômeda. Mesmo quando descobrir sua brincadeira, ele vai ficar tão intrigado com a idéia que vai parar de tentar pegar seu emprego e vai convidar você para almoçar para discutir seu inspirado vislumbre psíquico e um plano para provar que você está certo.

Não Podemos Todos Nos Dar Bem?

Você tem medo de entrar em curto-circuito se tentar abraçar esse relâmpago humano? Aterrá-lo é fácil quando se sabe para onde redirecionar essa imprevisível energia uraniana.

Carregadores de Água com Sobrecarga de Ampères
Os aquarianos nascem com uma natureza errática e uma personalidade altamente carregada. Freqüentemente sofrem de insônia, devido ao seu raciocínio acelerado, e ficam impacientes, deprimidos e fisicamente exaustos. Evite que o seu entre em curto-circuito certificando-se de que ele se exercite regularmente e descanse bastante. Quando seu aquariano reclamar que a TV está muito alta e a luz muito forte, é hora de desligar a TV e o telefone, baixar as luzes e dar para ele ou ela um livro de ioga e algumas fitas de meditação. Tabletes de cálcio e magnésio ajudam a reduzir a tensão nervosa quando tomados regularmente.

Carregadores de Água Indiferentes

Os aquarianos são amigáveis, de cabeça aberta e amantes da diversão. Superficialmente, abraçam todo mundo com tolerância sem preconceito. Todavia, quando se trata de sentimentos mais profundos, são freqüentemente reservados e ambivalentes. Isso porque os Carregadores de Água usam da frivolidade para evitar o confronto com os próprios sentimentos. Eles adoram estímulos intelectuais, mas temem ligações emocionais.

Ajudá-los a desenvolver a compaixão pelo indivíduo assim como pela causa vai aterrar seus esforços humanitários e deixá-los mais realistas. Leve o seu aquariano à distribuição de sopa e deixe-o servir os desabrigados. Ou ao abrigo de animais para ajudar a organizar o sistema de arquivos.

Uma vez que tenham aprimorado suas observações objetivas com a consciência emocional, sua personalidade vai dar um salto quântico à frente. E você vai vê-lo apresentar um processo econômico e moderno para alimentar o triplo de necessitados em sua cidade. Ou uma profunda revisão do processo de adoção de animais que vai poupar a vida de milhares de mascotes inocentes.

Carregadores de Água Imprevisíveis

Aquário é o signo mais independente que existe. Seu Carregador de Água é capaz de comprar um carro novo, ou uma casa nova, ou aceitar um emprego em outro país, tudo sem consultar você. E ainda ficar perplexo com a sua raiva. O coração deles está no lugar certo. Seus métodos é que são frustrantes.

Já que os Carregadores de Água apreciam a verdade e prontamente reconhecem os próprios erros, eles vão apreciar uma discussão honesta. Cenas dramáticas, planejadas para provocar culpa, não vão funcionar. Atenha-se aos fatos e os exponha com tanta racionalidade e calma quanto consiga. Normalmente isso funciona muito bem. Entretanto, se o seu aquariano for muito dogmático, você pode apelar para o seu senso de lealdade e pedir que ele ao menos deixe um bilhete da próxima vez que partir para a África.

Carregadores de Água Temperamentais

Os aquarianos se irritam com a rotina e as estruturas rígidas. Escola, trabalho e vida doméstica podem todos se tornar limitados demais para sua natureza curiosa e sociável. Um Carregador de Água entediado e inquieto pode ser terrivelmente rebelde, melindroso e do contra. Ele é perfeitamente capaz de começar um pequeno ou mesmo um grande tumulto, dependendo do tempo em que ele foi forçado a agir dentro dos padrões de normalidade.

Quer seja mantendo um guarda-roupas ultrajante, fazendo um estudo de uma civilização extinta ou se divertindo num laboratório no porão, todo aquariano precisa dar vazão à sua forte necessidade de individualismo. Dar seu apoio decidido, deixando que ele seja tão fora do padrão quanto possível, sem violar as leis do trabalho e da escola, vai ajudá-lo a ter sucesso e manter sua independência. Em casa, deixe as crianças decorarem seus quartos tão selvagemente quanto queiram e seu parceiro usar um cabide como antena na cabeça se isso agrada a ele, ou ela. Quem sabe a sua pode ser a primeira casa do quarteirão a fazer contato com uma forma de vida alienígena.

Dicas Rápidas para Emergências
- Os aquarianos precisam de muito espaço.
- Trabalhos beneficentes que lhes permita pôr as mãos na massa os ajuda a desenvolver a compaixão.
- Consiga o que quer com honestidade e um argumento racional baseado em fatos.
- Eles adoram presentes inesperados e incomuns.
- Corte o barato deles dizendo que você acaba de ver um objeto voador.

Carregadores de Água Perversos e Antenados
E. T.
Eva Braun
Galileu Galilei
Grigori Rasputin
Jânio Quadros
Lewis Carroll
Maitê Proença
Marília Pera
Ratinho
Regina Duarte
Ronald Reagan

Capítulo Treze

Peixes

19 de Fevereiro — 20 de Março

Bem-vindo à zona crepuscular

Elemento: Água. Peixes é desregrado. Um oceano tranqüilo que parece convidativo e inofensivo. Se você for fundo demais, vai ser pego num fluxo impetuoso de correntes ameaçadoras e carregado por elas.

Modalidade: Mutável. Peixes nunca sabem se estão indo ou vindo.

Símbolo: Os Peixes. Escorregadios. Alimentam-se de lodo. Piranhas. Tubarões.

Regente: Netuno, o deus dos embustes e das miragens do deserto.

Passatempo Predileto: Misturar medicamentos de venda livre para testar seus efeitos alucinógenos.

Livro Favorito: *Guia de Comunicação Interplanetária*.

Modelo Exemplar: Sr. Bill.[65]

Emprego dos Sonhos: Carpideira.

---

65. Personagem atrapalhado do programa humorístico *Saturday Night Live*.

Frase Predominante: "Estou tão confuso!"

Parte do Corpo: O pé. Sofre de pés chatos de tanto fugir da vida.

Aproxime-se com Cuidado

Peixes, o décimo segundo e último signo do Zodíaco, reside na Casa das Dores, dos Segredos e da Auto-anulação. Os livros de astrologia costumeiramente pintam os nativos de Peixes como almas visionárias, imaginativas e introspectivas, que têm uma compreensão inata da condição humana. Raspe o verniz e o que você vai encontrar é um sonhador que se recusa a encarar a realidade e que é crédulo, desorganizado, um distraído crônico e totalmente desamparado.

Netuno, o deus da ilusão, rege Peixes e concede uma personalidade escapista e ingênua. Peixes anda pela vida com uma visão restrita e um par de antolhos para completar. Toda ação é filtrada pela versão de Peixes do coador. Qualquer montinho de verdade desagradável é simplesmente descartado. Isso faz de Peixes ímãs que atraem perdedores. Eles têm cara de almoço grátis e dinheiro para a gasolina. Os piscianos levam mais foras do que qualquer outro signo. Mas está tudo bem para eles, porque essa é a única hora em que alguém presta atenção neles. Eles toleram tudo porque não conseguem entender como fazer alguma coisa para mudar a situação.

Peixes é resistente, não realista. O medo da mudança o restringe. Ele nega sua criatividade e habilidade de perseguir seus sonhos até chegar a uma conclusão bem-sucedida. Os piscianos preferem deixar as coisas como estão, ainda que estejam ruins, a arriscar o desconhecido. O fato de ter nascido sem o gene do "eu mereço" deixou-os à mercê de sua natureza escapista. Tente defender seu ponto de vista e o pisciano escorrega para um estado de concordância automática. Prove seu ponto de vista e Peixes simplesmente se esconde num conveniente mundo de fantasia.

Se Você Ama um — Homem de Peixes

Se eu tiver que ser um porco chovinista, quero ser o maior deles.

BOBBY RIGGS[66] (25 DE FEVEREIRO)

Ele é um galã que vive para o amor e seu carisma hipnótico vai deixar você de joelhos bambos e sem fôlego. Ele pode ser um visionário como Copérnico ou um humorista à la Billy Cristal, mas o homem de Peixes é intuitivo, atencioso e compreensivo. Nenhum outro homem no universo é capaz de amor e devoção tão profundos. Infelizmente, ele está tão apaixonado por si mesmo que você não tem nenhuma chance.

O pisciano do sexo masculino é o buraco negro das emoções do universo. Jogue lá seu coração, sua alma e as chaves do carro e tudo vai desaparecer para sempre. Esse cara aprendeu em uma idade surpreendentemente precoce como escapar do trabalho e usar seu charme para levar alguém para a cama.

Ele é definitivamente sensual, sexy e uma gracinha, de uma maneira debochada. Não se deixe enganar pela fachada. Em casa, ele pode ser um peixinho tranqüilo, nadando para lá e para cá na garrafa de cerveja; contudo, na vida amorosa, ele é o grande tubarão branco do Zodíaco. Um homem de Escorpião vai machucar você porque tem um medo mórbido de rejeição. Seu homem de Peixes vai fazer isso só para manter os dentes afiados.

Ele é um mentiroso nato. E aperfeiçoou a arte a ponto de enganar a si mesmo. Ele faz isso, por exemplo, quando se empoleira no banquinho do seu bar favorito, assistindo ao canal de esportes e paquerando quem passar pela frente, mas dizendo a si mesmo que está reunindo material para o romance que pretende escrever. A única coisa que esse perdedor vai um dia escrever é um número de telefone em um guardanapo lambuzado.

Ele é autodestrutivo. O pisciano Dezi Arnaz tinha tudo. Aparência, carreira e, para a época, um programa de TV de altíssima qualidade com a esposa leonina, Lucille Ball. Arnaz possuía tanto o extraordinário talento para a arte criativa quanto a perspicácia para os negócios. Também possuía a extraordinária

---

66. Tenista norte-americano.

sede pisciana pelo álcool e um olhar vago, que no fim deixou Ball sem escolha a não ser divorciar-se dele. Ball se tornou uma superestrela. Arnaz lutou contra o álcool e a obscuridade pelo resto da vida.

Ele adora os jogos sexuais. Sinta-se livre para usar seu uniforme de enfermeira, mas ele vai ser o paciente, não o médico. Compre uma coleira e ele vai latir. Apresente-o a sua melhor amiga, se tiver coragem, mas não os deixe sozinhos. Ele vai ter casos em qualquer lugar, a qualquer hora, com qualquer uma que agüente por tempo suficiente. E com um distanciamento glacial que rivaliza com o do primo Gêmeos. O nativo de Peixes pode deixar você repleta de suas declarações de amor imortal, dirigir direto para a sua toca favorita e escolher o primeiro corpo disponível.

Ou, cheio de seu fervor espiritual divino, à la Jimmy Swaggart, saltar em seu Cadillac e seguir para a prostituta mais próxima. Em uma auto-ilusão clássica de Peixes, Swaggart, quando pego com as calças arriadas, culpou a mulher de ser uma subordinada do Diabo que o tentou a vadear. Então, ofereceu uma das mais espetaculares cenas de remorso improvisado e atuação digna de prêmio Emmy, desde que a pisciana Tammy Faye Bakker retirou seus cílios postiços na TV para provar que não tinha medo de revelar sua verdadeira face. Será que você pode dizer amém?

Não espere que o seu pisciano seja o provedor da casa. Alguns começam uma carreira cedo, porém, se o seu não largou o controle remoto e não conseguiu um diploma até seus vinte e tantos anos, esqueça. Você vai acabar com um vadio que acha que fazer fortuna significa ganhar na loteria, e que os *Reality Shows* da TV são educativos. Se você é uma Virgem com um emprego, uma casa e um talão de cheques ou uma canceriana que não se importa de bancar a enfermeira pelo resto da vida, esse sujeito foi feito para você.

Ele é entediante. Tem uma compulsão por usar os mesmos clichês que tem usado desde os tempos da escola e vai, invariavelmente, levar qualquer assunto à lona no menor tempo possível. Dizer que ele não é engraçado apenas o estimula, porque ele não está atrás de sua risada, ele quer é provocar você.

Blefista e sem substância, o sr. Peixes é um ator nato e nem mesmo ele sabe que papel vai fazer em seguida. Mas, uma vez que ele gosta de representar, você pode fingir que ele é o Cavaleiro Solitário e dar uma montadinha na garupa dele.

Se Você Ama uma — Mulher de Peixes

Você está tentando brincar comigo? Acredite, você não vai querer isso.

QUEEN LATIFAH[67] *(18 DE MARÇO)*

Ela tem uma aura de receptividade e sensibilidade que instantaneamente deixa você à vontade. A mulher de Peixes é a romântica típica que espera que seu parceiro seja um homem romântico.

Ela prefere privacidade a ficar em festas, qualidade a quantidade e você, sozinho, ao resto do mundo. Você se considera o homem mais sortudo do mundo? E se eu dissesse que o apelido zodiacal dela é Rainha da Lambada e que o compromisso dela com você não vai necessariamente diminuir seu ritmo?

A sra. Peixes é sexualmente tão enganadora quanto o sr. Peixes, exceto que, enquanto ele engana suas amantes fazendo com que acreditem que ele é um príncipe e não um sapo, ela engana a si mesma, acreditando que todo homem que ela leva para a cama, ou para cima da máquina de Xerox, é seu Único e Verdadeiro Amor, ao menos por algumas horas. Essa mulher já beijou dúzias de sapos em sua busca pela alma gêmea. O problema é que ela raramente ergue o olhar para além do pântano. Claro, isso é muita sorte para você, se você for um demente, um fracassado, um garoto desamparado da mamãe ou um criminoso fugitivo.

Sua personalidade básica é como um aquário metafórico no qual uma grande variedade de peixes brigam por uma posição. Agite os dedos sobre o tanque e você nunca vai ter certeza se o que vai surgir é um grande golfinho oferecendo o dorso para ser acariciado ou se um tubarão vai mascar seus dedos como petisco. Uma pisciana furiosa vocifera como Moby Dick num dia de fúria e então corre para o canto escuro mais próximo.

Ela vai ficar visivelmente agitada se você a pressionar e pode vociferar alguns comentários sarcásticos. Entretanto, o mais provável é que ela apenas dê um gritinho e se dissolva em um montículo histérico e soluçante.

No princípio, você vai adorar a abundante atenção que ela oferece. Logo, no entanto, você vai ter uma nítida sensação de aperto no peito quando ela co-

---

67. Cantora americana de Rap e Hip Hop, também atriz de cinema e TV.

meçar a resmungar. E a mulher de Peixes aperfeiçoou a arte de reclamar até o nível da tortura chinesa do pingo d'água na testa. Ela vai cutucar e pressionar, tentando moldar você ao seu ideal de parceiro. O problema é que ela não tem a menor idéia de quem seja essa pessoa. Toda mulher de Peixes idealiza o pai, especialmente se ele não é merecedor, e aplica essa mesma lógica irracional em você. Não tem nada a ver com heróis, e sim tudo a ver com se distanciar de um relacionamento verdadeiramente íntimo.

A mulher de Peixes pode parecer frágil, desamparada e de outro mundo. Entretanto, sob aquele sorriso inocente, há uma coluna de aço inoxidável. Considere Elizabeth Taylor, a famosa pisciana que os astrólogos adoram usar como exemplo de um peixe exótico e delicado. Taylor sobreviveu a dúzias de operações, várias experiências de quase-morte e a uma cirurgia no cérebro. Seus problemas de saúde teriam matado uma pessoa menos forte em pouco tempo, sem falar em sua resistência romântica no ringue do amor. Além dos múltiplos divórcios e viuvezes, ela sobreviveu a dois casamentos com o mesmo Escorpião, Richard Burton. E você chama isso de frágil?

A sra. Peixes é sua pior inimiga e prefere autopiedade a uma discussão racional. Se discutir com ela, ou ela vai fechar o tempo com uma linguagem tão pesada que faria um marinheiro corar ou se jogar no sofá mais próximo e soluçar até vomitar as tripas. Não vai demorar para você descobrir que ela é viciada em drama e, na verdade, gosta de uma boa briga. Isso dá a ela a chance de aperfeiçoar seu talento para representar e, ao mesmo tempo, limpar seus condutos nasais.

Embora seja normalmente muito inteligente, sua atitude precipitada perante a vida vai deixar você imaginando se todas as sinapses dela estão queimando em seqüência. Ela vai esquecer de conferir o talão de cheque por meses, chegar ao posto de gasolina em ponto morto, rezando para conseguir, e jurar que a geladeira estava cheia no dia anterior. Se você pretende ter uma aposentadoria decente e comer regularmente, vai ter que controlar o dinheiro e aprender a cozinhar.

Nenhuma outra mulher no universo chega tão devotada, altruísta e compreensiva e parte com um pedaço maior de seu coração ensangüentado cravado em suas unhazinhas cor-de-rosa. E ela vai continuar agitando aquelas mãos de fada muito depois de você ter corrido na direção do divã do analista mais próximo.

PEIXES

Se Você é um — Imprestável de Nascença

Não sei, não me importo e não faz a menor diferença.

JACK KEROUAC[68] *(12 DE MARÇO)*

Peixes tem sido freqüentemente chamado de a lixeira do Zodíaco. Hospício seria uma descrição mais próxima. Em sua jornada pela roda kármica, você não apenas pegou os maus hábitos de todo mundo como também conseguiu deixar passar a maioria dos bons.

Você é obtuso como Touro, chato como Virgem e sem personalidade como Libra. Você tagarela tanto quanto Gêmeos e Sagitário juntos, mas sua conversa se limita a repetições instantâneas de todos os entediantes detalhes de sua vida cheia de crises. Quando quer alguma coisa, você pode nocautear mais velhinhas do que um ariano lutando para ser o primeiro em uma liquidação. Você é tão excêntrico quanto Aquário, obcecado como Escorpião e choraminga como um canceriano com dor de garganta. Sua queda pelas atitudes teatrais faz o vistoso Leão parecer reticente e a opinião que tem de si mesmo é melhor que a de um Capricórnio que tenha acabado de executar uma hipoteca em um banco na Suíça.

Você também tem o dom único de ver a vida de um ponto de vista perpetuamente impraticável. Você tem tanto medo de conflito que prefere comer vermes a confrontar o problema. Mas tudo bem para você, porque isso lhe dá a desculpa para se deitar no sofá o dia inteiro, apertando os botões do controle remoto e suspirando.

O clichê de "as lâmpadas estão acesas mas não há ninguém em casa" foi, sem dúvida, usado primeiro para descrever um pisciano. Você apaga no meio do tráfego, a mais de cem por hora, acorda na próxima cidade e não faz a menor idéia de como chegou lá.

Todo pisciano é viciado em alguma coisa. Os perigos óbvios são a bebida e as drogas. No entanto, romances em série, comida, TV e sono excessivo também são meios de não enfrentar a realidade. Você provavelmente é membro de todas as organizações que tenham Anônimo no título.

---

68. Escritor nascido canadense, um dos mais proeminentes membros do movimento Beat na literatura e aclamado como grande escritor americano.

Piscianos têm todas as doenças psicológicas e psicossomáticas conhecidas e participam de testes de pesquisas médicas mais do que qualquer outro signo. Você adora atenção e usa todo o dinheiro que tem para comprar vinho. Tem tanto medo do confronto que tentar manter uma conversa com você é como falar com uma boneca daquelas cuja cabeça pende para a frente e para trás. Você não consegue tomar uma decisão, não importa quão pouco importante seja, e diante das pessoas tem a postura de um capacho. Mas você detesta ver sofrimento. E é por isso que usa óculos escuros.

Seus programas favoritos na TV são a Maratona Jerry Lewis e os programas evangélicos. Você adora chorar junto com o colega pisciano Jerry e, se autojustificando, acabar com aqueles tele-evangélicos de cabelos cheios de laquê.

Como o último signo do Zodíaco, você já esteve no lugar de todos os outros signos pelo menos uma vez. E dormiu em todas as suas camas. Você abaixa as calças de qualquer um — literalmente. Entretanto, você não quer uma vida, quer um filme.

Os piscianos dão bons atores, curandeiros, policiais, gurus e *drag queens*. Também são clarividentes, no entanto, estão tão preocupados consigo mesmos que o único futuro que interessa é o seu próprio.

Você não é realista. Em vez disso, prefere ver a vida ou pelos seus óculos cor-de-rosa interiores ou de um estado de consciência alterada. Em ambos os casos, você vegeta ao longo dos anos com a cabeça enterrada na areia, preferindo suas fantasias e arrastando atrás de si uma interminável fila de perdedores que você chama de família e amigos. Mas está tudo bem para você, já que isso lhe dá uma desculpa para beber e vadear.

Você é o camaleão do universo e as sombras de todos os outros signos adejam por meio de sua alma. Devido ao fato de ser tão aquiescente e detestar conflitos, você é invariavelmente subestimado. Uma vez que você pare de se subestimar, essa qualidade é justamente a que vai dar a você a vantagem sobre todos os outros signos.

Você consegue calar um acesso de raiva de Áries com apenas um olhar glacial e bocejar frente ao arroto belicoso de Sagitário. Você consegue roubar os refletores de qualquer Leão e rugir mais alto quando não consegue as coisas a seu modo. Os signos de Terra são facilmente subjugados. O Touro enfurecido logo se descobre no curral, com uma argola no nariz. Virgem e Capricórnio são muito sólidos e você despacha esses caras estranhos, calculistas e tudo mais, para os limites exteriores da sua consciência. As farpas petulantes dos signos de Ar, Aquário, Gêmeos e Libra, se dissipam frente à sua natureza calma. Você e os outros signos de Água, Câncer e Escorpião, entendem-se perfeitamente e, portanto, raramente têm confrontos sérios.

Sua filosofia é "Viva e deixe viver". Deixe que as outras pessoas lutem pelos refletores, corram o mundo ou abram caminho para o topo à unha; você vai estar ocupado demais realizando seus sonhos, tranqüila e determinadamente, por trás dos bastidores. Daqui a muitos anos, quando todas essas pessoas que subestimaram você estiverem tomando banhos de assento no asilo, você pode mandar para elas uma foto sua tomando sol em uma praia dos mares do sul.

Parente é Serpente — A Família de Peixes

Vocês têm um cérebro na cabeça. Têm pés nos sapatos. Vocês podem se virar para qualquer direção que queiram. Estão por conta própria.

DR. SEUSS[69] (THEODOR GEISEL, 2 DE MARÇO)

Estar em uma família pisciana é como assistir ao encontro do Brady Bunch[70] com Freddie Krueger. Os membros da família piscianos acham que são os Brady, mas você vai se sentir como estivesse caminhando pela rua Elm.

Os pais de Peixes têm boa intenção, mas oscilam entre ser superprotetores e tão permissivos que você vai acabar ligando da delegacia pedindo dinheiro para a fiança.

Claro, eles vão se culpar por deixar você ter saído de casa, mas isso não ajuda muito quando você está pegando suas refeições através da portinhola do cachorro porque eles resolveram trancar você na garagem até que se forme.

Os pais de Peixes levam mais crianças a fugir de casa do que todos os outros signos juntos. Eles dão uma mesada tão magra quanto um virginiano, dão

---

69. Escritor norte-americano de histórias infantis, que escreveu o conto *Como o Grinch Roubou o Natal*.
70. Seriado da TV americana, exibido entre 1969 e 1974, relata a vida de uma grande família formada por um viúvo que se casa novamente e os filhos de ambos. Todos os membros da família demonstram uma felicidade tão plena e irritante que a empregada chega a trabalhar de graça. No Brasil, o seriado chamava-se *Família Sol, Lá, Si, Dó*.

ordens com a precisão de um Leão ensinando você a limpar seu quarto e analisam cada estado de ânimo, decisão e olhar seu com a determinação de um geminiano decidindo se você precisa ou não de terapia.

Mamãe vai continuar com a mesma ladainha para você evitar os estranhos, vestir seu casaco e comer verduras durante todos os dias de sua vida. E papai vai ensinar você a assistir a três TVs ao mesmo tempo. Ambos vão enlouquecer você com sua interminável procrastinação.

Se você quer ir ao baile de formatura em abril, é melhor começar a convencê-la a levar você ao shopping em agosto. Dessa forma, com seus intermináveis compromissos, aulas, visitas aos doentes e testes para a mais recente peça de teatro local, ela conseguirá uma hora na agenda dela para você em 15 de março.

Pode esquecer o papai também, a menos que ele esteja em um de seus raros rompantes de energia ilimitada, quando, então, você pode esperar por um monte de incumbências, tudo de uma vez. Pais de Peixes, no que toca à responsabilidade paterna, ou estão no modo "ligado" ou "desligado" e, secretamente, eles gostariam que você pudesse crescer sozinho.

Os bebês de Peixes dormem profundamente, comem animadamente e geralmente têm boa índole. Todavia, seu Peixinho faz todas essas coisas segundo seu próprio relógio interno, em vez de seguir o tempo do mundo real. Quando crianças, eles vivem num plano diferente e criam um mundo particular de fantasia. Providencie muito papel, lápis de cor e livros de histórias para complementar sua imaginação fértil.

Os adolescentes de Peixes descobrem as angústias do primeiro amor em tenra idade e passam horas escrevendo em seus diários ou deprimidos por causa da paixão mais recente. Também têm uma tendência para evitar a responsabilidade, chorar por qualquer coisa e deixar de fazer a lição de casa para assistir ao filme favorito. Ajudar o seu pisciano a confrontar os pequenos problemas agora vai prepará-lo para lidar com questões mais importantes na idade adulta. Aproveite todas as chances para aumentar sua autoconfiança e nunca ria dos sonhos dessa criança.

Irmãos e irmãs cabeças de Peixe passam a maior parte do tempo na frente do espelho praticando um discurso aceitável. Tanto faz se é para um Prêmio da Academia ou para Professor do Ano, já que todos sonham em, algum dia, ser ricos e famosos. São temperamentais e podem rir em um minuto e berrar com você no minuto seguinte. São normalmente inofensivos, mas freqüentemente tão folgados que se trancam no quarto e escutam música alta o dia inteiro. Se esse quarto for seu também, tenha certeza de ter sua própria chave e compre para ele um par de fones de ouvido. Com um pouco de previdência e planejamento você pode não apenas conseguir as coisas a seu modo, mas também o novo som que você queria de aniversário.

Turma do Escritório — Megeras, Alcagüetes e Preguiçosos Crônicos

Não vemos as coisas como elas são. Vemos as coisas como nós somos.

Anaïs Nin[71] (21 de Fevereiro)

A única coisa mais rara do que um nativo de Peixes no topo da escada corporativa é uma peça de filé mignon por dois reais. Para um pisciano, sentar-se no escritório o dia inteiro, todos os dias, fazendo a mesma coisa, dia após dia, é uma punição cruel e incomum. Além disso, a maioria das empresas não gosta do almoço do pisciano regado com três doses de martini. Se tem um chefe de Peixes, você provavelmente o verá apenas durante alguns dias por mês. O resto do tempo o Chefe de Peixes vai estar com o pé na estrada e você ficará alegremente por conta própria.

Os piscianos podem vociferar ordens e ocasionalmente fazer um comentário irritado sobre como você estragou aquele último contrato de propaganda, mas, na maior parte do tempo, ele ou ela vão passar as manhãs fazendo planos para o almoço. Depois do almoço, pode esquecer. Alimente um pisciano com comida boa e um par de drinques e ele vai tirar o resto do dia de folga ou voltar, trancar a porta da sala sob o pretexto de trabalhar na pilha que há sobre sua mesa e dormir a tarde toda.

Os seus colegas piscianos não só não querem o seu emprego, como também não querem o deles. Os piscianos estão ocupados demais sonhando em fugir para a ilha tropical mais próxima ou reclamando do último desastre amo-

---

71. Anaïs Nin (1903-1977). Escritora famosa pela publicação de seus diários. Foi a primeira mulher a publicar literatura erótica.

roso. Em vez de tentar roubar sua posição em qualquer situação de negócios, Peixes prefere sentar-se e ficar falando como ele ou ela faria muito melhor. Ambos os sexos raramente farão um movimento real em direção à sua mesa.

Corte o barato dele dizendo que ele é um blefe. Simplesmente se ofereça para trocar de posição com ele. Você vai ver um olhar vazio seguido de alguns murmúrios ininteligíveis enquanto ele corre para a própria mesa. Não se preocupe com a vingança dele. Ele pode reclamar e se lamentar, mas vai ficar tão chateado de ver seu blefe descoberto que vai esquecer de querer seu emprego.

Não Podemos Todos Nos Dar Bem?

Imaginando como viver feliz para sempre com uma alma tão torturada e dementada? Com um pouco de prática, você pode aprender a distinguir os golfinhos dos tubarões.

O Tubarão Ataca

Peixes de ambos os sexos e de todas as idades compartilham uma legítima necessidade de períodos de solidão. É assim que o ultra-sensível Peixes lida com a vida. Além de reagir à ansiedade diária de sua vida pessoal, ele sente as emoções e percebe as tendências ocultas que correm na atmosfera em geral. Quando estressado e cansado, fica rude, explosivo e exigente. Essa é a sua dica para levá-lo para um jantar tranquilo no canto mais afastado do restaurante mais escuro que você possa encontrar. Depois, leve-o para casa e deite-o na cama com um bom livro ou fita de meditação.

Peixes Deprimidos

Todo mundo pensa que os nativos de Peixes estão tão longe da realidade, perdidos numa terra da fantasia, que nada pode penetrar seu mundo irreal para incomodá-los. Nada pode estar mais longe da verdade. Os piscianos são os melhores ouvintes do universo e tendem a se envolver profundamente nos problemas dos amigos e da família. Reciprocamente, eles também acreditam que não podem depender de ninguém, a não ser deles mesmos para chegar aonde querem ir, o que faz com que relutem muito em pedir ajuda, especialmente quando estão desesperados e se debatendo.

Quando o sistema sensorial de Peixes está sobrecarregado, você vai vê-los ou dormindo muito ou deitados no sofá, trocando de canal sem prestar atenção. Essa é a dica para você dizer que eles podem contar com você para qualquer coisa, enquanto você prepara um bule de chá de ervas e acende uma vela de sândalo. Depois agarre-os em um abraço de urso e comece a ouvir.

Peixes que Nadam em Água que Passarinho não Bebe

Abuso de entorpecentes ou indulgência excessiva de qualquer tipo é um perigo muito real para Peixes de ambos os sexos. Os Peixes são os salvadores do Zodíaco. Eles freqüentemente têm profunda compaixão e empatia pela condição humana e sentem-se culpados de não poder ajudar pessoalmente outras pessoas a mudar. Com muita freqüência, as drogas ou o álcool embotam seus sentidos para que o pisciano possa moldar os fatos a uma versão menos cáustica de realidade.

Se o seu nativo de Peixes está sempre bebendo, comendo demais ou dormindo vinte horas por dia, você pode apostar com certeza que é porque ele ou ela estão insatisfeitos com algo que não querem enfrentar. Quer seja a família, o trabalho ou o relacionamento com você, a melhor coisa que você pode fazer é levá-los à praia, sem chocolate ou outras substâncias que alterem o comportamento e, gentil mas firmemente, fazer com que falem.

Peixes Escorregadios

Raramente um pisciano vai ser despedido do emprego. É mais provável que flutuem de uma posição servil a outra em uma série de fracassos repetidos. Não é porque sejam estúpidos ou preguiçosos. É porque estão tentando se ajustar à definição do mundo do que eles deveriam ser. Os Peixes são destinados à criação. Quer o seu secretamente deseje desenhar roupas ou dar aulas de piano, sua tarefa é apoiar o sonho dele ou dela.

Eles precisam dormir, comer e trabalhar em seu próprio compasso e ritmo. Dê ao seu pisciano apoio incondicional e ajude-o a reestruturar a rotina. Logo você vai se descobrir vivendo, se não na luxúria, ao menos num lar cheio de harmonia.

Dicas Rápidas para Emergências

)(Os piscianos precisam de um tempo só para eles.
)(Quando a vida real fica muito dura, leve-os ao cinema, a um antiquário ou à porção de água mais próxima.

)(Lembre-se do romance.
)(Elogie-os freqüentemente.
)(Corte o barato deles dizendo que eles são uma fraude.

Tubarões e Peixinhos
Elis Regina
Hebe Camargo
Juca de Oliveira
Osama bin Laden
Regina Casé
Renata Sorrah
Renoir
Ted Kennedy
Tom Cavalcanti
Yuri Gagarin